조금 더 일찍
당신을 만났더라면

조금 더 일찍 당신을 만났더라면

AT HELL'S GATE

클로드 안쉰 토머스 지음

황선효 옮김

한
병
사
의
기
도

   나는 열일곱 살 나이에 미 육군에 입대했고, 베트남 복무를 자원했다. 수많은 사람들을 죽이는 일에 직접 가담했던 나는 훈장을 달고 명예롭게 제대하여 고향으로 돌아오기 직전까지 그런 살육을 멈출 줄 몰랐다.

   하지만 내 삶의 파편들을 이어 맞추다가 전쟁으로 산산이 부서진 내 마음을 발견했을 때, 나는 정당화될 수 있는 살인이란 없으며 올바른 폭력과 그릇된 폭력에도 별다른 차이가 없고, 전쟁은 전적으로 옳은 일이 아니라는 사실을 깨달았다. 전쟁이란 단지 마음의 고통으로부터 비롯되어 나오는 행위일 뿐이다.

내가 이러한 이해에 도달하고, 살생하지 말라는 불교의 첫 번째 계율을 받아들이기까지는 베트남 참전과 노숙자 생활, 교도소에서 명상을 가르치는 일, 보스니아와 아프가니스탄, 아우슈비츠와 캄보디아에 이르는, 전쟁으로 파괴되고 상처 입은 세계 각지를 순례하는 길고 힘든 여정이 필요했다.

이 책에는 그러한 노정의 생생한 기록들과 함께, 내가 공부했던 사원뿐만 아니라 전장의 참호 속에서, 길거리에서, 또는 집 안에서 절실히 깨친 고통의 실상에 대한 부처님의 통찰을 나누려 하는 나의 노력이 담겨 있다. 우리는 누구나 좋고, 즐겁고, 옳고, 영원하고, 기쁘고, 조화롭고, 만족스럽고, 손쉬운 행복을 원한다.

하지만 반대로 삶은 좌절과 불만족, 불완전과 슬픔을 안겨주는 경우가 대부분이다. 자신과 타인에게 폭력을 행사하게 만드는 것은 바로 이러한 고통이며 이 고통과 화해하는 것만이

조금 더 일찍 당신을 만났더라면 •

궁극적으로 폭력을 종식시키고 더 평화롭게 세상을 사는 유일한 길이다.

　이 책이 폭력에 시달리는 중에도 뭔가 다른 것, 곧 평화를 갈구하는 사람들에게 도움이 되기를 바란다. 우리는 누구나 자신의 베트남을 가지고 있다. 저마다 자신의 전쟁을 치르고 있다. 우리 함께 이 전쟁을 종식시키고 진실로 평화롭게 살기 위한 순례 여행을 떠나기를.

차례

1.

전쟁의
씨앗들

AT HELL'S GATE

전쟁의 씨앗들

$\int$

잠시 비를 맞으며 서 있다고 상상해 보라. 빗방울이 떨어질 때 당신은 보통 무엇을 느끼고 생각하는가?

나는 비가 올 때마다 전장 속을 걷고 있다. 두 번의 우기에 걸쳐 나는 아주 혹독한 전쟁을 체험했다. 계절풍이 불면 베트남은 엄청난 양의 비가 세상을 진창으로 만들어 놓는다. 지금처럼 비가 내리면 나는 젊은이들이 울부짖으며 죽어가는 전쟁터로 걸어 들어간다. 네이팜탄의 포격으로 가로수들이 파괴되는 모습이 아직도 생생하게 보인다. 열일곱 살 난 아이들이 아버지, 어머니, 또는 여자 친구를 부르며 울부짖는 소리가 들린다. 이 모든 것을 다시 떠올리고 난 뒤에야 나는 지금은 단지 비가 내리고 있을 뿐이라는 사실을 깨닫는다.

더 나은 단어를 찾을 수 없으므로 이런 경험을 플래시백 (flashback)*이라 부르자. 플래시백은 아직 화해하지 못한 과거의 경험들을 다시 체험하는 현상이다. 예를 들면, 나는 슈퍼에서 야채 통조림을 꺼내려고 선반에 손을 뻗치다가 문득 두려움에 사로잡히기도 한다. 그 통조림에 부비트랩이 걸려 있을지도 모른다는 생각 때문이다. 이성적으로는 사실이 아님을 알고 있지만, 한 해 동안 베트남에서 복무하는 동안 나는 실제로 그런 환경 속에서 살았다. 지금까지도 나는 그런 전시戰時 경험으로부터 자유롭지 못한 것이다.

하지만 이런 고통은 단지 나만의 이야기가 아니다. 이런 일은 세상 곳곳에서 매일 일어나고 있다. 오늘도 많은 사람이 나처럼 전쟁을 재경험하고 있다. 그들은 순간적으로 폭력과 재난과 어린 시절의 상처에 사로잡힌다.

평화에 이르기 전에 우리는 자신의 고통을 어루만지고 껴안고 수용해야만 한다. 나는 최근 몇 년간 이 사실을 배웠다. 하지만 그 이전의 오랜 세월 동안 내가 배운 것이라곤 오직 싸우고 죽이는 방법뿐이었다.

---

* 플래시백은 어떤 단서(물건, 장소, 환경 등)를 접하는 순간 그와 연관된 과거의 강렬한 경험 속으로 빨려들어 가는 심리적인 현상을 뜻한다. 이는 평범한 의미에서의 기억이나 회상이 아니라 현실을 망각해 버릴 정도로 강렬한 재경험이므로, 외상 후 스트레스장애의 주된 증상 중 하나로 진단되고 있다.

폭력의 조건화

　태어난 후 17년 동안, 내 모든 경험은 대부분 내 안에 있는 폭력의 씨앗에 물을 주는 행위였다. 전쟁은 모든 곳에 있었다. 나는 펜실베니아 주의 작은 마을에서 자랐다. 나의 아버지를 비롯한 대부분의 마을 어른들은 제2차 세계대전에 참전했었다. 그 세대의 사람들은 전쟁의 진실을 말하지 않았다. 전쟁이 마음속에 남긴 깊고 커다란 상처를 건드릴 수 없었기 때문에 그들은 마치 멋진 모험담처럼 전쟁을 이야기했다.

　그래서 아버지가 열일곱 살이 된 내게 군대에 가라는 제안을 했을 때 나는 군말 없이 동의했다. 하지만 나는 정치에 대해서 알지 못했다. 그때까지 정치는 내 삶에서 무의미한 것이었다.

　이제 나는 세상이 어떻게 굴러가는지를 아는 게 얼마나 중요한지를 이해한다. 물론 어떤 정치적 이데올로기도 세상의 온갖 문제를 장기적으로 해결해 주지 못한다는 주장에도 공감한다. 하지만 나를 포함한 우리 모두는 그 이데올로기에 큰 영향을 받고 있으며 정치를 모르는 탓으로 값비싼 대가를 치르고 있다.

　나는 아버지와 그 세대의 사람들이 왜 전쟁에서 입은 깊은 상처를 부인하고 오히려 그것을 환상으로 짙게 채색했는지를 이제는 이해한다. 그들은 승리자로서 귀환함과 동시에 하나의 역할을 떠맡게 되었다. 그들은 전쟁이 전쟁 당사자들과 우리 모두에게 끼친 깊고 광범위한 고통을 부인함으로써 우리 문화의 수호자가 되어야 했던 것이다. 이런 문화적 신화는 나의 아버지 세대가 자신의 전쟁 체험을 있는 그대로 솔직하게 말할 수 없게 만들었다. 어떤 의미에서 보면 그들은 내면적 삶을 포기해야 했다. 그들이나 나에게는 진실을 말하는 것이 허용되지 않았다. 하지만 베트남 전쟁 동안, 그리고 그 이후에도 예기치 못한 일은 계속 일어났다. 우리는 이제 더 이상 진실을 거부할 수 없게 되었다.

나는 자원해서 베트남에 갔다. 그것이 올바른 일이라고 생각했기 때문이다. 나는 전쟁과 폭력의 실상을 이해하지 못했다. 베트남에서 며칠이 지난 뒤 비로소 나는 그 실상을 이해하기 시작했다. 그것은 광기였다. 내가 본 것을 설명하기는 어렵다. 아직도 나는 그것을 맛보고, 냄새 맡을 수 있고, 사람들의 눈빛에서 공허감을 느낄 수 있다. 그곳은 마치 초현실적인 공포영화와도 같았다.

베트남으로 파견된 나는 대기 명령을 받고 기다렸다. 그건 보직이 아직 정해지지 않았다는 뜻이다. 명령에 따라 나는 롱빈의 제90보충대대로 갔다. 그곳에서 우리는 아침 일찍 일어나 잠자리를 정리하고 식사를 마친 뒤 점호 대형으로 서 있어야 했다. 그때 우리는 '3번', '5번' 따위의 번호로 불렸다. 그러다 어느 날은 각 조의 1번들이 보직을 임명받아 떠나고, 며칠 후에는 2번들이 떠났다. 아직 보직을 받지 못한 사람들에겐 화장실 청소 같은 허드렛일이 주어졌다. 그래서 우리는 화장실 밑에서 2백 리터짜리 드럼통을 꺼내 그 안의 분뇨를 소각하거나, 부엌에서 음식 준비하는 일을 돕거나, 그릇 등의 용기를 닦곤 했다.

그중에는 PX에 납품할 물건으로 가득 찬 창고를 청소하는 일도 있었다. PX는 병사들이 간식과 담배 따위를 살 수 있는 군대판 대형백화점이나 마찬가지였다. 아직 보직이 없었기 때문에 내게는 그런 허드렛일이 주어졌고, 예상과 달리 나는 베트남에서의 첫 사흘을 그렇게 열대 기후 탓에 녹고 부패한 수천 파운드의 초콜릿을 소각하면서 보내야 했다. 그리고 창고 관리를 책임지고 있던 한 하사관의 꾐에 빠져 내 형편으로는 감히 살 수도 없는 일본산 명품 진주목걸이를 '징발'했다. 군대 용어로 징발이지 실은 도둑질이었다. 이틀 후 나는 목걸이를 제자리에 되돌려 놓았다. 훔치는 것은 나쁜 일이라는 생각이 들었기 때문이다. 하지만 전쟁터의 혼란스럽고 부도덕하고 기이한 세계는 신병훈련소에서 겪은 일들의 연장일 뿐이었다. 나는 이미 신병훈련소에서 불합리하고 기이한 폭력의 실체를 공식적으로 익힌 것이다.

신병훈련소에서 우리는 인간을 증오하도록 교육 받았다. 사격장에서는 사람 모양의 과녁을 향해 총을 쏘았다. 우리는 '인간을 죽이라'는 명령을 받았다. 그래서 죽이는 법을 배웠고, 그것을 군인의 당연한 임무로 여겼다. 그런 교육은 다양하고 미묘한 방식으로 행해졌다.

군인은 사격을 마친 후에 규정된 방식으로 총을 세워 놓아야 한다. 어느 날 내가 그 방식대로 총을 세우다가 그만 총을 넘어뜨렸다. 중사였던 교관은 소리를 지르며 욕을 해댔다.

"이 새끼야, 자기 총도 제대로 간수 못 해? 그 총은 네 인생에서 가장 중요한 거야. 네 놈이 죽고 사는 것은 그 총에 달렸어!"

그 사내는 키가 188센티미터였고 나는 고작 170센티미터였다. 가까이 마주 서자 그의 가슴은 내 얼굴에 찰싹 달라붙었다. 그는 손가락으로 나를 쿡쿡 찌르며 욕지거리를 해댔다. 그러더니 바지를 내리고 모든 사람이 보는 앞에서 나에게 오줌을 갈겼다.

이틀 동안이나 나는 씻는 것을 금지 당했다. 심한 수치심을 느꼈지만 그 감정을 배출할 방법이 없었다. 대신 내가 느낀 것은 분노였다. 그러나 나는 그에게 직접 분노를 표현할 수가 없었다. 그랬다면 아마 영창에 갔을 것이다. 그래서 나는 '적에게' 분노를 돌렸다. 내가 아닌 모든 사람, 미군이 아닌 모든 사람이 적이었다. 이런 조건화는 좋은 병사가 되기 위한 필수적인 요소다. 군인은 자신과 다른 대상을 '위험하고 위협적이고 죽여야 마땅한 존재'로 보도록 훈련받는다. 우리는 적을 인간으로 생각

조금 더 일찍 당신을 만났더라면 •

하지 않았다. 우리 자신마저도 인간으로 생각하지 않았다. 군대에서는 모든 인간을 인간으로 생각하지 말라고 가르쳤다. 베트콩과 베트남 정규군, 그리고 일반 베트남 주민들 사이에는 아무런 차이가 없었다.

하지만 입대 전까지의 삶에서 이미 이런 교육에 대한 준비가 되어 있었기에 훈련소 생활이 내게 그리 큰 영향을 미친 것은 아니었다. 어린아이였을 때부터 나는 세상에 대해 편견을 가지라고, 국가에 충성하라고, 타인과 싸우라고 배웠다. 폭력이 문제를 해결한다고 배운 것이다. 갈등이 생길 때는 가장 강한 사람이 승리하곤 했으니 나는 그 사실을 어머니, 아버지, 선생님들, 그리고 친구들에게서 배웠다.

나는 다섯 살 때 펜실베니아 주 북서쪽에 있는 작은 농촌 마을인 워터포드의 한 아파트에서 살았다. 아버지는 선생님이었고, 어머니는 남의 집 빨래와 청소를 하거나 가끔은 식당이나 바의 종업원으로 일하며 생활비를 보탰다. 어느 날 나는 자전거를 타고 싶었는데 어머니가 반대했다. 나는 화가 났고, 어린애였기 때문에 고집을 부렸다. 어머니는 나와 자전거를 밀어버렸고, 나는 스무 계단 정도를 굴러서 떨어졌다. 그러나 지금 생각해도 의아할 정도로 나는 그때 거의 다치지 않았다. 아마 아이들의 몸은 유연하기 때문일 것이다. 또한 아이들은 뭐든 빨리 배우는 법이다.

그런 일은 한두 번이 아니었다. 어머니는 자주 나를 폭력으로 다스렸다. 하루는 뚜렷한 이유도 없이 내 목덜미에 손을 얹더니 나를 끌어당겨 벽에 얼굴을 처박았다. 그리고는 내가 더 착한 아이였다면 그러지 않았을 거라고 윽박질렀다. 이렇게 나는 아픔을 숨기고 아무도 믿지 않는 법을, 특히 힘 있는 자들을 믿지 않는 법을 배워 나갔다.

한편 아버지는 감정적으로 억압된 분이었다. 술과 도취할 다른 것들이 대부분의 시간 동안 억압된 아버지의 감정을 가둬두는 접착제 구실을 했다. 하지만 항상 그렇듯이 억압은 강력한 감정들을 다루는 데 별 효과가 없다. 억압된 감정의 일부는 결국 터져 나오게 마련이다.

내가 살던 마을에는 호수가 하나 있었는데, 봄에는 얼음이 녹아 수위가 높아졌다. 여덟 살이었던 어느 날, 나는 선물 받은 새 신발을 신고 밖으로 놀러 나갔다. 바닥이 깔끔하고 특이한 무늬의 요철 처리가 된 테니스 신발이었다. 그날 나는 네 시까지 집에 들어왔어야 했다. 하지만 어린애가 시간 개념이 있겠는가? 시간이 지나도 돌아오지 않자, 걱정이 된 아버지는 나를 찾아 나섰다. 호수 근처에 도착한 아버지는 물속을 향해 찍혀 있는 작은 발자국을 발견했다. 그것은 나의 새 테니스 신발 바닥 무늬와 닮아 있었다. 아버지는 혹시 내가 호수에 빠져 죽은 건 아닐까 하는 생각에 간담이 서늘해졌던 모양이다. 그러나 급히

조금 더 일찍 당신을 만났더라면 •

집으로 달려와 보니 나는 이미 집에 와 있었다.

아버지는 나를 욕실로 데려가서 바지를 내리고는 가죽혁대로 때리기 시작했다. 나는 목에서 발목까지 시퍼렇게 멍들고 피가 나도록 맞았다. 아버지는 그렇게 한참을 때리던 중에야 정말로 내가 아파하고 있다는 사실을 깨닫고는 매를 멈추고 소독약으로 내 상처를 치료해 주기 시작했다. 그때 아버지는 사랑하기 때문에 나를 때렸다고 말했다. 그 후로도 아버지는 내 상처를 치료할 때마다 사랑하기 때문에 때린 거라고 거듭 말했다. "사랑은 곧 폭력"이라는 나의 오래되고 은밀한 신념은 바로 그 사건에서 비롯되었다.

아버지가 정말 나를 아프게 하려고 때렸다고는 믿지 않는다. 아버지는 단지 자신의 무력감을 직면하는 일이 두렵고 참을 수 없었기에 자기가 표현할 수 있는 유일한 감정을 통해 두려움을 표현했을 뿐이다. 그 감정은 분노였다. 격렬한 두려움을 이해하고 받아들일 수 없었기에 아버지는 그 문제의 원인을 외부로 돌려버린 것이다. 그러면 그 고통의 근원으로 여겨지는 대상을 지배하기만 하면 된다. 아버지가 폭력적이었던 이유는 단지 자신의 고통을 어루만지는 방법을 몰랐기 때문이었다. 또한 어머니도 자신의 감정에 정직하게 접근할 수 없었기 때문에 나를 향한 폭력으로 고통을 분출시켰던 것이다.

억압된 감정들은 결국 내 아버지를 파멸로 이끌었다. 아버지는 술과 담배에 중독된 파괴적인 생활습관 탓에 쉰세 살의 나이로 돌아가셨다. 필터 없는 담배를 하루에 50개비나 피워댔던 아버지에게는 "죽었다"는 말보다는 "더 이상 살아갈 수가 없었다"는 표현이 더 어울릴 것이다.

나는 자신의 감정을 부정하는 생활 방식이 아버지를 파괴했고, 또한 그분의 아버지를 파괴했고, 나 역시 거의 파괴했다고 믿고 있다. 하지만 전쟁과 폭력이 갈등을 해결하는 효과적이고 영속적인 수단이라는 믿음을 지지하는 사람들은 그런 류의 파괴적인 생활 방식을 벗어나기가 어렵다.

베트남으로 가는 길

나는 어렸을 때부터 애국자라면 조국을 위해 목숨을 걸고 싸워야 한다고 배웠다. 신병훈련소에서 나는 베트남 파견을 지원했다. 사람들도 내가 베트남에 평화를 가져올 것이며, 한 자루의 총으로 평화가 이루어질 것이라고 말했다. 그러니 내가 어떻게 다른 생각을 할 수나 있었겠는가?

나는 고등학교를 졸업한 후 곧바로 군에 입대했다. 나는 한 대학교에서 체육 장학금을 받기로 되어 있었지만, 아버지는 그 제안을 거절하라고 다그쳤다.

"넌 별로 착실하지 못해. 그런 거친 성격으로는 대학에 가봤자 금방 퇴학당할 게다."

아버지의 말씀에도 일리가 있었다. 나는 다루기 어려운 아이였다. 내가 그 당시 저지른 짓들을 지금 똑같이 한다면 아마 당장에 체포되어 감옥에 처박힐 것이다. 그때는 정말 이상한 시기였다. 나는 그저 운전을 하기 위해서 습관적으로 차를 훔치곤했다. 나는 시내의 자동차 판매점에 가서, 중고차를 샅샅이 뒤져 꽂혀진 키가 있는 차를 찾아냈다. 그리고 시동을 걸고 난폭하게 거리를 질주한 다음 차를 제자리에 갖다 두었다. 나도 차도 아무 일 없이 무사했다. 지금 생각해 보면 정말 운이 좋았다.

나는 부모님의 간섭을 받지 않고 나만의 방식대로 살았다. 술독에 빠진 아버지는 내게 신경 쓸 여력이 없었다. 그래서 열두 살 즈음부터는 거의 혼자 큰 것이나 다름없다.

어차피 다른 뚜렷한 목표도 없었기에 나는 아버지의 뜻에 따라 군에 입대했다. 어쨌든 내 아버지가 아닌가. 아버지라는 존재는 가족의 삶에, 특히 아들의 삶에 강한 인상으로 자리 잡는 법이다. 제2차 세계대전에 참전했던 아버지와 친구분들은 술에 취한 채 둘러앉아, 매력적이고 흥미진진하고 낭만적인 전쟁 이야기를 벌려놓곤 하셨다. 어린 나는 그런 이야기에 귀를 잔뜩 기울였을 뿐만 아니라, 종종 내가 그 주인공이 되었으면 하고 부러운 마음을 품기도 했다.

이것이 내가 별다른 고민 없이 군에 입대하기까지의 사연이다. 하지만 여러분은 나처럼 퇴역 군인 아버지 옆에서 낭만적이고 왜곡된 전쟁 이야기를 들으며 자랄 필요가 없다. 대중문화가 전쟁을 그보다 훨씬 더 낭만적으로 묘사하고, 미화한 영화를 무수히 생산해 내기 때문이다. 그러나 그런 영화들이 전쟁의 실상을 묘사하는 일은 거의 없다.

그리고 현실이든 영화 속에서든 군인 정신이 길러지는 곳은 전쟁터만이 아니다. 군인 정신은 운동을 통해서도 주입된다. 나는 야구든 미식축구든 레슬링이든 학교에서 할 수 있는 운동들을 아주 잘했다. 사고뭉치임에도 운동 실력 덕분에 학교에서 쫓겨나지 않을 수 있었다. 모든 시합과 편 가르기에서 나는 이미 군인 정신을 발견했고, 경쟁과 싸움과 전투에 대한 낭만적인 환상을 키워놓은 터였다. 그런 내게 전쟁은 그저 또 하나의 게임 정도로 여겨질 뿐이었다.

동시에 나는 극도로 불안하고, 수줍어하고, 내성적이고, 침착하지 못했다. 그래서 전쟁에서 공을 세워 많은 훈장을 받는다면 영웅으로 금의환향해서 사람들에게 존경과 사랑과 관심을 받게 될 것이라는 엉뚱한 희망을 품게 되었다. 지금껏 들어온 이야기가 모두 그랬다. 내 미래는 그런 식으로 진행될 것이고, 나는 다른 아무것도 걱정할 필요가 없다. 아버지는 말했다.

"군대에 가라. 그럼 넌 사내가 될 거야."

당시의 내게 '사내'란 존경과 사랑을 받는 사람을 뜻했다.

집을 떠나 군대로 향했던 그날이 떠오른다. 아버지는 집에서 40킬로미터 떨어진 펜실베니아 주 이어리의 버스터미널까지 나를 태워주었다. 나는 갈색의 작은 보이스카우트 가방을 갖고 갔다. 가방 위에는 검은 매직펜으로 내 이름이 적혀 있었다. 아버지는 나를 터미널로 데려가 표를 끊어주고는 곧바로 돌아갔다. 작별의 포옹도, 악수도, 이별의 말도 없었다. 아버지는 버스를 기다리는 나를 버려두고 그냥 사라졌다. 나는 한동안 멍하니 서 있었다.

버스는 이어리에서 140킬로미터 정도 떨어진, 내가 입대할 뉴욕 주의 버펄로까지 갔다. 버펄로에 도착했을 때 모병소의 한 군인이 여관 숙박권을 나누어 주었다. 나는 여관에 도착하자마자 밖에 나가 술을 샀다. 두려웠다.

이튿날 아침에는 심하게 몸이 아팠지만 일어나서 모병소로 가야만 했다. 지원자들은 신체검사를 받은 후 많은 서류의 빈칸을 채워 넣었고, 어떤 방에 들어가 선서를 했다. 그리고 나는 군인이 되었다.

다음날 우리는 기차를 타고 뉴저지 주 포트 딕스로 이동했다. 기차에서 내려 신병훈련소로 갔을 때, 하사 한 명이 쌍스런 욕을 하며 우리를 맞았다. 즉시 이런 생각이 떠올랐다.

"아버지가 내게 거짓말을 하셨구나. 뭔가 잘못됐어."

나는 집에 돌아가고 싶었지만 그럴 수가 없었다. 내 삶이 영원히 바뀌는 순간이었다.

먼저 우리는 기본 지급품인 군복, 군화, 내의, 담요, 더블백을 받았다. 그다음엔 머리를 자를 차례였다. 당시는 1965년, 히피 시대의 초기였다. 내 머리는 그때까지도 아주 길었다. 아마도 비틀스의 영향이었을 것이다. 이발사에게 갔을 때, 모든 사람이 나를 "교수님"이라고 불렀다. 나의 긴 머리 때문이었으리라. 상황이 어떻게 굴러가는 건지 전혀 종잡을 수가 없었다. 그러나 나는 의자에 앉았고 결국 이발사는 내 머리를 밀었다. 굴욕적이었다.

8주간의 신병 교육은 처음부터 끔찍한 고역이었다. 나는 육체적인 모든 훈련에서 뛰어났지만, 소위 군기 교육에는 아주 애를 먹었다. 반항적인 성격인 나로서는 쉽게 수긍할 수 없는 내용이었기 때문이다. 내무 사열이란 것도 있었다. 보병 중대 부관이 하얀 장갑을 끼고 숙소 안으로 들어왔다. 만약 어딘가에 먼지가 하나라도 있으면, 부관은 목이 터지도록 욕을 퍼부으며 잔소리를 해대기 시작했다. 그는 사물함과 침상을 뒤엎고, 침대 아래 사물 트렁크를 집어던지고, 사물함에 있는 물건들을 온 사방에 뿌렸다. 그리고는 재검열을 실시하기까지 20분이란 시간을 주었다.

또 우린 이유도 모른 채 물이나 세제 없이 칫솔과 면도기로

만 샤워실 바닥을 문질러야 했다. 술 취한 훈련 담당 하사관이 새벽 2시에 고함치며 집합 명령을 내리면 우리는 얼어붙을 것 같은 빗속에서 군화 끈을 동여매고 한 손에는 개목걸이 같은 군번줄과 다른 손에는 혁대 버클을 손에 들고 속옷 차림으로 정렬했다. 개목걸이와 버클은 반짝반짝 광이 나고 있었다. 나는 이 모든 감정적, 심리적, 영적인 학대를 도무지 이해할 수가 없었다. 그 당시의 나는 신병훈련이 입소자를 파괴하려는 목적에서 이루어진다는 사실을 깨닫지 못하고 있었다. 그 훈련의 목적은 나를 파괴하고 그들이 원하는 모습으로 개조시키는 것이었다. 나는 그것에 저항했기에 아주 힘든 시간을 보내야 했다.

한번은 훈련을 받는 도중에, 너무 절망적이고 무기력한 기분이 들어 충동적으로 내무반 안에 들어가서 눈에 보이는 창문을 맨주먹으로 모두 부셔버렸다. 유리에 베인 손에서는 피가 뚝뚝 떨어졌다. 그리고 2층에 올라가 벽 사물함을 옮겨 방문을 막은 다음 창문 밖으로 나가 지붕 위에 올라앉았다.

한참 후에 20대 초반의 성질 못된 중위 하나가 내가 앉아 있는 지붕 위로 간신히 올라왔다. 나는 만감이 교차하는 한 가운데서 어쩔 줄 몰라 울고 있었다. 그는 나를 후려치는 것으로 반응을 대신했다. 나의 얼굴을 갈기고 계속 두드려 팼다. 그의 폭행을 상부에 보고했다면, 그는 아마 큰 처벌을 받아야 했을 것이다. 하지만 그의 폭력이 나쁘다는 생각조차 들지 않았다. 그

때 나는 이미 학대를 당연한 것으로 받아들이고 있었다.

나중에 하사 한 사람이 내게 말을 걸어왔다. 그는 나를 조금은 동정해 주었던 친절하고 좋은 사람이었다. 그는 진심으로 나를 걱정하는 듯이 보였고, 나중에는 내가 군대라는 세계에 적응하도록 도와주었다. 하사는 말했다.

"내 말을 잘 들어. 넌 집에 갈 수 없어. 3년 동안은 꼼짝없이 여기 있어야 하니까, 힘들어도 어떻게든 참아야 해."

그 하사의 말투에는 그 당시 내가 느꼈던 모든 감정을 내려놓게 하는 뭔가가 있었다. 나는 속으로 말했다.

'그래, 한 번 해보자. 난 최고의 군인이 될 수 있어. 내 감정을 모두 버리고 최선을 다해보자.'

물론 마음 한구석에는 달아나고 싶은 마음도 있었다. 하지만 나는 방법을 알지 못했다. 신병훈련소와 베트남에서의 군대 생활을 통틀어 나는 가장 나이가 어린 축에 들었다. 날마다 알 수 없는 사건들이 펼쳐졌다.

훈련이 계속될수록 힘든 일들도 많아졌다. 나는 촌놈이었기에 훈련소에서 마주치는 사람들을 상대하는 법을 몰랐다. 나는 사기를 많이 당했다. 다른 병사들에게 번번이 이용당했다. 내 삶은 통제할 수 없게 되었고 나는 틈만 나면 술을 마시기 시작했다.

과도한 음주 때문에 월급은 순식간에 바닥이 나곤 했다. 나는 계속 빚을 졌고, 내게 돈을 빌려준 사람들을 볼 때마다 난처했다. 내 삶은 추락하고 있었지만 그런 방황은 통제할 수 없었던 내 어린 시절과 묘하게 연결되어 있었다. 군대는 그때까지 내가 경험해 온 학대와 무관심과 혼란의 자연스러운 연장일 뿐이었다.

나는 고통을 잊기 위해서 베트남 근무를 지원했다. 처음에 사람들은 내가 너무 어려서 갈 수 없다고 말했다. 나는 베트남이 탈출구라도 되는 양 고집을 부렸다. 결국 그들은 내게 베트남에 가고 싶은 이유를 보고서로 제출하도록 지시했고, 충분한 설득력이 있다면 배치를 승인해 주겠다고 말했다. 때는 1966년이었다. 전쟁은 확대되어 전투는 더욱 치열해졌고, 사상자가 늘어난 만큼 더 많은 병력이 필요했다. 내가 배치 받은 부대도 날 써먹을 수 있게 되어서 아주 기뻤을 것이다. 그 보고서에 뭐라고 썼는지는 잘 기억이 나지 않지만 그게 무엇이었든 효과가 있었다.

베트남에 있는 동안, 나는 정말 많은 사람들의 죽음에 직접 가담하게 되었다. 하지만 어린 시절의 학대와 무관심으로부터 신병훈련의 잔혹함까지 골고루 겪어온 나는 내 일이 사람을 죽이는 것이라고는 생각지도 못했다. 그들은 단지 적일 뿐, 사람이 아니었기 때문이다.

전쟁터에서

롱빈의 제90보충대대에 배치 받고 열흘이 지났을 때쯤, 나는 뜬금없이 공격헬리콥터중대의 기관총 사수로 임명되었다. 그들은 말했다.

"짐을 챙겨. 네가 가야 할 곳이 있다. 저 사람들이 널 데려다 줄 거야."

일이 어떻게 돼가고 있는지를 살필 시간도 없었다. 나는 사이공 근처의 푸 로이에 있는 제116 공격헬리콥터중대로 이송됐다. 내무반으로 안내되어 담요 한 장과 사물함을 받았고, 함께 비행할 기장 리치를 소개받았다. 그는 나를 무기함으로 데려가서 내가 새롭게 다룰 무기인 M60(구경 7.62미리) 기관총을 어디에 보관하는지 알려주었다. 리치는 총 닦는 법을 가르쳐 주었고, 이 무기를 헬리콥터에 올려서 싣는 시범을 보여주었다.

리치는 조종사를 소개해준 후, 오늘은 간단히 상공 통과 비행과 우편물 비행만 하자고 말했다. 나는 그게 무슨 뜻인지 몰랐다. 모든 것이 낯설었고 너무나 무서웠다. 헬기가 이륙했다. 내게는 조종사에게 우측에 장애물이 없는지를 확인하고 경고하는 임무가 주어졌다. 그러니까 나는 조종사의 백미러나 마찬가지였다. 나는 혼이 빠진 사람처럼 어리둥절했고 언제든지 총알을 맞을 수도 있다는 사실조차 제대로 실감하지 못했다. 두

조금 더 일찍 당신을 만났더라면 •

렵고 혼란스러웠으며, 잘못 왔다는 생각에 휩싸였다.

그날 우리는 우편물을 수령하고 건네주기 위해서 몇몇 지역을 돌아다녔고, 가는 길에 병사들을 사이공에 데려다 주기도 했다. 시간이 좀 지나자 나는 점점 주변 상황에 익숙해졌다. 날씨는 아주 화창했고, 시원하고 건조한 바람이 불었다. 전쟁이라는 것에 경이감까지 느꼈던 기억이 난다.

밤이 되어서야 첫 비행이 끝났다. 우리는 푸 로이에 돌아와서 저녁을 먹었다. 나는 숙소로 들어가 담요를 깔고 누웠다. 주위에 사람이 별로 없다는 것을 눈치챘지만 그다지 신경 쓰지 않았다. 그때 리치가 달려오며 흥분된 목소리로 외쳤다. 부대가 적의 급습을 받아 위기에 놓여 있고 헬기도 몇 대 격추됐다는 것이다. 당장 지원 출동을 나가야 했다. 나는 옷을 입고 전투장갑과 점퍼와 헬멧을 움켜쥐고, 무기함으로 달려가서 M60을 가지고 다시 헬리콥터가 대기해 있는 격납고로 미친 듯이 뛰었다.

무기를 싣고 나머지 대원들을 기다리는 동안 주변을 둘러보니, 비행 대기 선에 세워진 몇몇 헬기의 주변이 아주 분주해 보였다. 가까이 다가가 보니, 사람들이 호스로 물을 뿌려 승무원 좌석에 흥건한 피를 씻어내고 있었다.

리치는 내 팔을 잡아채 헬리콥터에 태웠다. 나는 우측 승무원석에 올라타서 비행헬멧을 쓰고 마이크 코드의 플러그를 끼웠다. 무전검사를 끝내고 나서 리치는 좌측 조종사들과, 나는 우측 조종사들과 교신을 취했다. 헬기는 이륙하여 암흑 속을 날았다.

우리는 곧 다른 헬기들이 있는 집합 장소에 도착했다. 나는 배치된 첫날부터 전 부대가 함께 비행하는 전투에 참가하게 된 것이다. 병사들은 속속 헬리콥터에 탑승했고 우리는 다시 밤하늘을 날았다. 착륙 지점에 다가갔을 때, 하늘은 낙하산 조명탄으로 밝아졌고 어둠은 황백색을 띠었다. 모든 것이 실루엣처럼 보였다. 주변의 형체들을 식별하려면 신경을 곤두세워야 했다.

헬기가 내려가기 시작했을 때, 나는 긴장되고 흥분된 에너지를 느꼈다. 그건 막연한 두려움이었다. 갑자기 조종사가 사격 개시 명령을 내렸다. 어느새 우리 헬기는 땅에 떨어져 있었고, 병사들은 모두 신속하게 헬기에서 내렸다. 사방에서 다른 헬기들이 이륙하고 있었지만 우리는 그럴 수가 없었다. 우리의 헬기가 격추되었던 것이다.

리치는 나에게 조종사를 나오게 하고 무기를 가져오라고 소리쳤다. 나는 조종석으로 달려가서 문을 열고, 조종사의 머리를 보호하기 위해 설계된 방탄유리도 젖혔다. 이 유리를 열 때는 주의해야 한다고 배웠다. 그러지 않으면 유리가 쉽게 이탈하여 헬기 바닥에 손상을 입힐 수 있기 때문이었다. 그런데 나는 정확히 하지 말아야 할 짓을 했다. 그러고는 자책감에 사로잡힌 나머지 조종사가 총에 맞았다는 사실도 얼른 깨닫지 못했다. 조종사가 심한 부상을 당한 것을 발견한 후에도 뭘 어떻게 해야 할지를 몰랐다. 그래서 나는 리치에게로 달려갔다. 그는 조종사의 안전벨트를 풀고, 조종사가 스스로 나올 수 없다면 헬기에서 빼내라고 말했다. 나는 의식을 잃은 조종사를 어깨에 메고 헬기 밖으로 끄집어내야 했다. 그를 내려놓은 다음, 내 기관총과 리치의 기관총을 낚아채서 조종사 옆에 내려놓았다. 나는 그가 죽었다는 사실을 다음날 아침에서야 알게 되었다.

리치는 중대에서 곧 구조헬기를 보내줄 거라고 말했다. 그날 우리는 밤을 꼬박 새웠다. 헬기중대의 생활은 이렇게 치열한 전투로 시작되었다. 내 감정은 마비되었다. 나는 사방에서 부상자를 보고, 듣고, 느꼈다. 나는 보병교육과 소형무기와 중화기 조작법과 응급치료 훈련을 받은 상태였다. 하지만 그 훈련들은 격렬한 전투의 현장에서 별다른 도움이 되지 못했다. 오히려 나는 카우보이-인디언 전쟁놀이에서 발군의 실력을 보였던 어린 시절의 경험에 의지했다.

금세 사상자 한 명과 부상자 두 명이 발생했다. 나는 두려웠지만 감정을 드러낼 수 없었다. 총을 쏘아야 할지 가만히 숨어 있어야 할지도 알지 못했다. 결국 그냥 가만히 있기로 마음먹었다. 위치가 탄로 나면 위험에 노출되는 법이다. 진짜 총알이 오간다는 점만 빼면, 친구들과 숲속에서 벌였던 카우보이-인디언 놀이와 다를 바가 없다는 생각이 들었다.

나는 구조를 기다리는 동안 울지 않았다. 살려 달라고 기도하지도 않았다. 사람들은 정말 무서울 때 엄마를 소리쳐 부르거나 하느님에게 기도한다. 하지만 나는 스스로 당당했다.

"나는 울거나 기도하지 않아. 대체 누가 내 기도 따위를 들어준단 말이야?"

종교는 완전한 속임수다. 정말로 신이 있다면 어떻게 이런 일이 일어날 수가 있단 말인가? 마침내 전투는 잠잠해졌고, 우리는 아침에 구조되었다.

그날 이후로 나는 많은 훈장과 상을 받으면서, 아주 멋진 군인이 되어갔다. 나는 내 일을 즐겼다. 그건 산 정상에 올랐을 때의 성취감 같은 것이 아니라 사람들이 나를 원하고 나는 내 임무를 훌륭하게 완수할 수 있다는 뿌듯함 같은 것이었다. 전쟁의 혼란과 광기 속에서 위안을 찾고 있는 한 군인의 모습을 상상해보라.

두려움에 떠는 열여덟 살의 나약한 소년. "죽여! 죽여! 죽여!" 반복되는 사람들의 외침. 첫 번째 전투에서, 소년의 눈앞에서 정말로 총에 맞아 죽은 사람들. 그러나 소년에게는 의지할 곳도, 그따위 연약한 감정을 느낄 여유도 없다. 그런 상황에서는 무감각하고 기계적인 반응만이 가능하다.

나는 베트남에서 민주주의나 어떤 이상적인 세계를 지키려고 싸우지 않았다. 주입된 신화는 베트남에 온 지 2주 만에 박

살났다. 최고의 군인이 되어 나 자신을 포함하여 가능한 한 많은 병사들이 살아남게 하는 것이 내게 주어진 유일한 의무였다. 그것이 군인의 현실이었다.

후에 나는 헬리콥터 기장으로 진급되었다. 나는 전쟁터에 병사들을 실어 나르고 응급후송과 군수품 보급을 하는 운송헬기와 보병을 위해 근접 화력을 지원하는 무장헬기의 기장으로 일했다. 나는 기장이 된 순간부터 거의 매일 베트남의 전투에 참가했다. 그리고 항공훈장을 비롯한 많은 훈장을 받았다. 하나의 항공훈장을 받으려면, 25회의 전투임무와 25시간의 전투비행을 수행해야 한다. 나는 베트남 복무 말엽에 무려 25개 이상의 항공훈장을 갖고 있었다. 그것은 약 625시간의 전투비행과 625회의 전투임무를 수행했다는 의미다. 그 모든 전투는 사람을 죽이라는 임무를 띤 것이었지만, 나는 한 번도 그들을 사람으로 대하지 않았다. 베트남 사람들은 나의 적이었다. 가게 주인, 농부, 여자, 어린아이, 갓난아기… 그 모두가 나의 목표물일 뿐이었다.

언젠가 우리는 메콩델타 지역의 한 마을 밖에 헬기를 대놓았다. 어떤 이유에선가 나는 여섯 명의 병사들과 함께 그 마을 안으로 들어갔다. 그곳은 적의 기습이 많이 일어나는 지역에 속해 있었지만, 우리는 그 마을이 이미 진압된 아군 지역이라고 판단했다.

마을 안으로 걸어갔을 때 승려처럼 보이는 서너 명의 사람들이 지나갔다. 그들은 모두 머리를 깎고 샛노란 법복을 입고 있었다. 우리를 지나친 지 3~40미터 정도 되었을 때, 그들은 돌아서서 AK-47s 소총으로 우리를 공격했다. 일곱 명 중에 세 명이 죽었고 두 명이 부상당했다. 군인들이 승려의 총에 죽고 부상당한 것이다. 그들이 정말 승려였을까? 나는 모른다. 그러나 우리에겐 승려처럼 보였다. 그러므로 그 후로는 승려들도 적으로 인식할 수밖에 없었다.

언젠가 한 마을에서 자동화기의 맹공격을 받고 있던 보병부대가 우리에게 무전으로 도움을 요청해 왔다. 우리는 총공격 대형을 갖춰 날아갔다. 로켓과 7.62밀리 기관총이 장착된 무장헬기 세 대와 40밀리 기관포가 장착된 무장헬기 한 대를 몰고 간 우리는 사격을 개시했고, 아무 생각 없이 마을 전체를 파괴했다. 우리는 모든 것을 파괴했다. 그 살인은 완전한 광기였다. 우리는 움직이는 모든 것을 죽였다. 아이들, 물소, 개, 닭… 아무 느낌도, 생각도 없었다. 광기에서 나온 행동이 건물, 나무, 수레, 바구니… 그 모든 것을 파괴했다. 사격을 마친 후에 남은 것은 시체와 불길과 연기뿐이었다. 그 광경은 끔찍한 꿈과 같았고 전혀 현실로 느껴지지 않았다. 하지만 내가 자행하고 있었던 행동 하나하나는 아주 실제적으로 느껴졌다.

베트남에서 나는 사람을 죽이는 임무를 수행했다. 그곳에서

조금 더 일찍 당신을 만났더라면 •

두세 달이 지나 처음으로 부상을 당했을 즈음, 나는 이미 수백 명의 죽음에 직접적으로 가담돼 있었다. 그리고 날마다, 아직도 그들의 수많은 얼굴이 떠오른다.

나는 지금은 기억나지 않는 수많은 전투를 치렀다. 하루하루가 그렇게 지나갔다. 시간의 흐름은 그저 낮의 열기와 빛의 사라짐으로만 느껴졌다. 물론 빛의 사라짐은 자연스럽게 죽음을 떠올리게 했지만 말이다.

언젠가 나는 덕 허우 고무농장 근처에서 특수작전 임무를 떠맡게 되었다. 그곳은 캄보디아와의 국경선 역할을 하는 사이공 강 연안으로, 사이공에서는 비행기로 10분 거리였다. 나는 그곳을 꺼렸다. 그 근처에서 수차례 공격을 당했으며 실제로 격추된 적도 두 번이나 있었기 때문이었다. 그만큼 위험한 장소였다.

이번에는 쯔 호이(투항한 베트콩 병사) 무리를 태워 이동시키라는 임무가 주어졌다. 그런데 거기로 가는 도중 쯔 호이 몇 명이 변심해서 달아났다는 무전을 받았다. 우리는 이미 비행 중이었으므로 지상군과 연락을 취해 쯔 호이가 숨었으리라 예상되는 지역으로 방향을 돌렸다. 우리는 나뭇가지 위로 낮게 비행하며 베트콩들을 마치 소떼처럼 논두렁으로 몰았다. 사수와 나는 그들을 생포해서 작전 기지로 돌아갈 계획으로 헬기에서 내릴 채비를 하고 있었다.

궁지에 몰린 쯔 호이들은 항복의 표시로 머리 위로 손을 흔들었고, 우리는 그들에게 총을 겨누었다. 그런데 내가 헬기에서 뛰어내리려는 찰나, 그중 한 명이 뭔가를 던졌다. 헬기 안의 누군가가 "수류탄이다!" 하고 소리쳤고, 우리는 즉시 사격을 개시했다. 나는 수류탄을 헬기 밖으로 던지려고 미친 듯이 헬기 안을 뒤졌다. 지금까지도 터지지 않았다면 불발탄일 거라는 생각을 미처 하지 못했던 것이다. 그와 동시에 조종사도 수류탄을 굴려 떨어뜨리기 위해 헬기를 상하좌우로 사납게 몰기 시작했다. 용케 수류탄을 찾아낸 나는 대원들에게 불발탄이라고 알렸다. 나는 그것을 헬기 밖으로 던지지 않고 한동안 가지고 있었다. 누군가가 그냥 버리라고 말할 때까지, 나는 나사를 풀어 공이를 제거한 다음 다시 나사를 조이면서 몇 시간이나 그 수류탄을 만지작거렸다.

　혼란이 가라앉은 후에 우리는 잠시 거기에 머물며, 수류탄을 던진 대가로 서서히 죽어가는 베트콩을 지켜보았다. M60 기관총의 집중사격은 그의 몸을 거의 반 토막 내어놓았다. 내장들이 몸 밖으로 삐져나오는 지경인데도, 그는 누운 채로 항복의 표시로 계속 손을 흔들고 있었다. 우리는 공중에 뜬 채 그가 죽어가는 모습을 지켜보았다.

　복무기간이 끝나기 직전, 나는 다시 그와 유사한 작전 비행을 했다. 우리는 또다시 덕 허우 고무농장 근처로 보내졌다. 이번에는 일명 '키트 카슨 스카우트'(몰래 항복하여 이중첩자로 일하는 베트콩 병사들)를 태우러 가야 했다. 그들은 베트콩의 모든 부대에 침투해 있었다. 그리고 그들이 탈영해서 정해진 시간에 지정된 장소로 오면, 미군은 그들을 태워 입수한 정보를 보고받기로 되어 있었다. 이 작전은 내게 섬뜩하게 느껴졌다. 그런 발상 자체를 도무지 이해할 수가 없었다. 그 베트콩들을 어떻게 믿을 수 있겠는가?

우리가 가로수 사이를 날아 지시된 장소에 가까이 갔을 때 갑자기 굉음이 들렸고, 나는 좋지 않은 상황임을 직감했다. 주위를 살펴보니 우리의 옆 헬기가 뒤집혀 불타고 있었다.

전투는 신속히 진행되었다. 하루 이틀 겪는 일이 아니지 않는가. 주위는 예광탄*의 오렌지빛으로 물들었고, 폭풍우에 합선된 전선처럼 딱딱 소리가 났다. 탁, 탁, 탁…. 총알이 헬기를 때리는 소리가 들렸다. 조종사는 즉시 헬기의 꼬리를 올리고 앞머리를 내려 180도 아치를 그리며 앞뒤로 회전했고, 우리는 보유한 모든 화력을 쏟아 붓기 시작했다. 본능적으로 제 굴을 보호하는 오소리처럼 우리 헬기는 추락한 헬기 주변을 맴돌며 빗발치는 총알을 필사적으로 피하며 날았다. 그때 헬기에 타고 있

---

* 탄도彈道를 알 수 있도록 빛을 내며 날아가게 한 탄환

던 특수부대 하사관이 겁에 질려 소리쳤다.

"여기서 빠져 나가. 어서 피하잔 말이야!"

사격을 하던 나는 그를 향해 입 닥치고 총이나 쏘라고 소리질렀다. 나는 총신이 벌겋게 달아오를 때까지 M60 기관총을 갈겼고, 잠깐 사격을 멈추고 총신을 교체한 다음 또다시 총알을 퍼부었다. 그리고 조종사가 추락한 헬기 뒤편으로 교묘하게 운전하는 틈에 추락한 헬기에 탔던 병사들을 구하려고 뛰어내렸다. 놀랍게도 그들은 모두 무사했다.

우리 헬기는 고무농장으로 날아가 그들을 내려놓고, 정비부대가 있던 주 기지인 구찌를 향해 날아갔다. 헬기는 이미 정상이 아니었다. 연료가 새고 유압장치도 고장 난 상태였다. 우리는 헬기가 총에 맞았다는 사실을 알았지만, 어떤 상황인지 자세히 알고 싶지 않았다. 그럴 만한 마음의 여유가 없었다. 내 안에서는 무관심과 두려움이 완전히 뒤죽박죽이 되어 있었다.

우리는 정비부대 위로 낮게 날아 착륙해서 비행 뒤의 일반적인 절차를 마쳤다. 나는 곧바로 짐을 꾸리러 막사로 갔다. 나는 다음날 오전 8시에 이 나라를 떠나기로 되어 있는 것이다. 미국으로 돌아가야 할 때가 왔다. 무사히 살아서 파견 근무를 마친 것이다. 그날 나는 맥주 몇 병을 마시고 잠들었다. 그리고 다음날 아침을 먹고, 활주로로 가서 마지막으로 헬기에 올라탔다. 그 헬기는 나를 베트남의 비엔 호아 공군기지로 데려다 주었다.

나는 헬기에서 내려 작별 인사를 하려고 뒤를 돌아보았지만 헬기는 이미 이륙하여 공중에 떠 있었다. 나는 명령서를 들고 퀸셋(반원형 군대 막사)으로 향했다. 그리고 눈 깜짝할 사이에 미국행 점보제트기에 가벼운 발걸음으로 몸을 실었다.

캘리포니아로 가는 도중에는 아무와도 말하지 않았다. 내 마음은 얼어붙어 정지된 것 같았다. 업무와 관련되지 않은 말은 불필요하게 느껴졌다. 전쟁터에서는 그 누구와도 관계를 맺고 싶지 않았다. 그래야만 그들이 업무 교대를 하거나 부상당하거나 심지어 죽는다 해도 내게 상처가 남지 않을 테니 말이다. 그것이 베트남에서의 존재 방식이었다.

제트기는 비엔 호아에서 도쿄와 앵커리지를 경유하여 캘리포니아의 트라비스 공군기지로 날아갔다. 국제 날짜 변경선을 지났기 때문에 출발한 날과 같은 날에 도착했다. 나를 포함한 군인들은 비행기에서 내려 코팅유리로 된 버스에 탑승했다. 반전 팻말을 들고 우리를 기다리고 있던 시위자들에게 노출되지 않기 위해서였다.

또다른 전쟁

우리는 오클랜드 육군 병참부로 이송되었다. 거기서부터 뉴어크 공항에 도착하기까지의 일은 전혀 기억이 나지 않는다. 나는 뉴어크 공항에서 다시 펜실베이나 주 이어리로 가는 비행기를 타야 했다. 장식띠, 훈장, 수장袖章, 공군기장 등이 주렁주렁 달린 제복을 입고 공항 안을 걸어가던 일이 아직도 생생하다. 그때를 떠올릴 때마다, 내 환경이 단지 48시간 만에 치열한 전쟁터로부터 평화로운 뉴어크 공항으로 바뀌었다는 사실이 너무도 비현실적으로 느껴진다.

공항대기실에서 한 아름다운 소녀가 눈에 띄었다. 그녀는 나를 정면으로 응시하고 있었다. 당신은 내 말을 이해할 것이다. 천 명이 한곳에 있어도 누군가가 당신을 바라보고 있다면 당신은 그를 발견할 수 있다. 나는 복도를 걸어갔고, 그녀도 나를 향해서 걸어왔다. 서로에게 가까워질수록 나는 더 뚜렷이 그녀를 관찰할 수 있었다. 1968년에는 그녀처럼 특이한 모습과 옷차림의 히피들이 많았다. 그녀의 머리는 가운데 가르마에, 곧고 윤기 나는 적갈색 머리카락으로 덮여 있었다.

그녀의 눈은 너무도 아름다운 다갈색이었고, 입술은 도톰했다. 그녀는 길고 헐렁한 옷을 입고 있었다. 밝은 꽃무늬가 있는 황갈색의 옷으로 기억한다. 발목까지 내려온 옷의 앞부분이 약간 패여 있어서, 나는 부드럽고 매력적이고 도발적인 젖가슴의 윤곽을 볼 수 있었다. 또 그녀는 장신구가 달린 얇은 가죽 끈 목걸이를 하고 있었다. 장신구는 목젖 근처 오목한 곳에 우아하게 자리하고 있었다.

나는 그녀가 뭘 원하는지 알았다. 내가 본 모든 영화에서, 그리고 제2차 세계대전에서 돌아온 나의 아버지와 다른 어른들에게서 들었던 모든 이야기로부터, 나는 그녀의 의중을 읽었다. 그녀는 내게 감사를 표시하기 위해 다가오는 중이다. 그녀는 곧 나를 껴안고 진하게 키스할 것이다. 그녀와의 거리가 좁혀질수록 나의 흥분과 근심은 더욱 커졌다. 과연 내가 영화처럼 멋지게 잘해낼 수 있을까?

이런 생각이 머리를 스치는 동안에도 나는 걷는 속도를 늦추지 않았다. 정신을 차리고 보니, 어느덧 나는 그녀의 다리를 내려다보고 있었다. 가죽 샌들 안에 아름다운 발과 고운 발가락이 살포시 담겨 있었고, 샌들 끈은 원피스 아래 감추어져 있었다. 나는 머리를 들어 숨을 내쉬었고, 내 여신의 환영 인사를 받을 준비를 했다. 하지만 눈이 서로 마주쳤을 때, 그녀는 능숙한 솜씨로 내게 침을 뱉었다.

나는 그 자리에 얼어붙은 채 멍하니 서 있었다. 다시 몸을 움직일 수 있었을 때, 그녀는 이미 사라지고 없었다.

그 순간 많은 생각이 밀려왔는데 특히 그녀를 없애버리고 싶은 충동이 나를 엄습했다. 그녀는 나의 적이었다. 내게 폭력을 행사했기 때문이다. 어쩌면 나는 그때 그녀를 찾아내서 죽일 수도 있었다. 다행스럽게도 나는 근처 술집을 찾아 이 혼란과 고통을 달래는 길을 택했다. 그리고 화장실에서 제복을 벗고 민간인 복장으로 갈아입었다. 그런 행동들에 특별한 이유는 없었다. 그냥 무의식적으로 움직였을 뿐이다.

고향에 돌아온 나는 짧은 휴가를 보낸 후에 켄터키 주 포트 녹스에 있는 아일랜드 육군병원에 입원해서 치료를 받았다. 1967년 여름 헬리콥터 사고로 어깨를 심하게 다쳤기 때문이다. 전투 임무를 수행하러 가는 도중 활주부 앞부분이 논두렁에 걸려 헬기가 뒤집혔고, 나는 조종석에 심하게 부딪혔었다. 내 어깨는 베트남에서 가능한 최선의 치료를 받았으며, 본국으로 보낼 만큼 심각한 것으로 여겨지진 않았다. 하지만 파견 근무가 끝나고 미국으로 돌아온 뒤 나는 병원에서 9개월간을 물리치료를 받으며 지내야 했다.

퇴원 날짜가 다가오자 병원에서는 내 어깨가 아직 완전하지 않으니 '연장 치료'에 동의하라고 제안했다. 하지만 나는 퇴원하기 전에는 군대의 소유물 신세를 벗어날 수 없다는 생각이 들었고, 군대와 정부의 의도를 더 이상 믿을 수가 없었다. 병원의 제안을 거절하고 퇴원하려면 치료책임 포기각서에 서명을 해야 했다. 하지만 그들은 포기각서에 서명을 하고 나면 후속 치료에 대한 책임을 정부에 물을 수 없다는 사실을 제대로 설명해주지 않았다. 나는 베트남 복무에서 얻은 부상에 대해서 심지어 불구가 되더라도 어떤 배상도 청구할 수 없게 되어버렸다. 그것은 또 하나의 사기였고, 비열한 속임수였다. 어쨌든 나는 포기각서에 서명한 후 퇴원했고, 거의 동시에 군에서 제대 조치되었다.

집으로 돌아왔지만, 나는 사람들과 만나거나 나 자신의 생활로 돌아갈 수 없었다. 이전과 같은 생활은 불가능했다. 가족들은 내가 다시 사회에 적응하도록 돕는 데 아무 관심도 없었다. 사람들은 참전자들과 감정적으로, 심리적으로, 심지어 육체적으로도 거리를 두었다. 우리는 너무도 비참하게 무시되었다. 나는 사람들의 태도에서 깊은 상처를 입었지만 어떻게 대처해야 할지를 알지 못했다.

더구나 내 마음속에서 전쟁은 아직 멈추지 않은 상태였다. 접촉하는 모든 것이 전쟁을 떠올리게 했다. 잠을 잘 수 없었다. 사람들은 나의 고통을 중요하게 생각해주지 않았다. 그들은 이렇게 응수할 뿐이었다.

"이제 전쟁은 끝났어. 넌 전쟁을 잊어야 해. 살아남았으니 앞으로 먹고살 걱정이나 하라고."

하지만 나는 그럴 수가 없었다. 고통과 외로움을 감추기 위해, 사람들의 거부를 잊어버리기 위해, 전쟁의 기억들을 무디게 하기 위해, 스컹크 방귀처럼 지독하게 따라붙는 소리와 냄새와 얼굴들에서 달아나기 위해, 나는 마약을 이용하기 시작했다.

전쟁터에 가기 전으로 돌아가고 싶었다. 다시 열일곱 살이 되어 정상적인 삶을 살고 싶었다. 하지만 그건 불가능했다. 나는 더 이상 사회에 적합하지 않았다. 살인자로만 훈련받았을 뿐, 한 번도 살인자가 아닌 다른 존재가 되는 법을 배우지 못했다. 나는 제멋대로인 채로 내버려졌다.

병원에 있는 동안 병가를 얻어서 상체에 깁스를 한 채 고향으로 돌아간 적이 있다. 그때 미식축구 경기를 보러 갔었는데 누군가가 폭죽에 불을 붙였다. 나는 즉시 땅바닥에 엎드렸다. 주변 사람들이 모두 웃었다. 나는 허리에서 목까지 깁스를 한 상태라 힘겹게 일어났다. 겨우 일어선 나는 창피해서 달리기 시작했다. 그들은 나를 비웃었다. 그 웃음은 총에 맞는 것보다도 더 고통스러웠다. 나는 내 느낌으로부터 멀리 도망가려고 애쓰면서 안전한 곳을 찾아 달리고 또 달렸다.

이때부터 1983년까지 나는 멈추지 않고 달렸다. 나는 술과 마약과 담배와 섹스로 달렸고, 여기저기로 떠돌면서 달렸다. 한 장소에서 6개월 이상 머문 적이 없다. 누군가와 관계를 맺는 일을 견딜 수 없었다. 친절한 사람들도 내 과거를 알면 곧 등을 돌릴 거라고 생각했다. 나는 아무짝에도 쓸모없는 베트남 참전 용사이기 때문이다.

나에게 '전후戰後'는 없었다. 베트남 생존자로서 나의 삶은 계속되는 전쟁일 뿐이었다. 나는 점점 더 나 자신을 고립시켰고, 점점 더 마약에 빠졌고, 점점 더 이방인의 모습으로 변해갔다.

당시의 나는 외부의 어떤 구원이나 해결책을 끝없이 찾아다니고 있었다. 좋은 약을 먹으면 내 마음이 치료되지 않을까, 혹은 적당한 직업을 가진다면 좋아지지 않을까 하고.

1968년 8월 병원에서 퇴원한 후, 나는 펜실베니아로 돌아가서 대학에 입학했고, 고등학교 때의 애인과 결혼했다. 하지만 나는 그녀에게 가까이 다가갈 수가 없었고, 결혼 생활은 곧 끝장나 버렸다. 대학에 다니면서도 많은 여자를 만났지만 그 누구와도 오래 사귀지 못했다. 물론 매번 만남을 갖기 전에는 이번만은 진심이라고 스스로 다짐하곤 했다. 내가 정말로 진실한 의도로 그들을 대했다면 몇몇은 더 좋은 관계로 발전할 수 있었을 것이다. 하지만 나는 내 식대로만 행동했다. 나는 단지 육체적 합일만이 강력한 관계이며 문제의 해결책이라고 생각했다. 나는 만난 여자와 섹스를 하고, 그러다가 무감각해지면 다시 그녀를 버리고 다른 여자를 찾았다.

대학 초기에 나는 체육교육을 전공했다. 고등학교 때의 경험을 살려 체육교사가 되고 싶었다. 그리고 교과과정의 일부로 실기수업에 참석해야 했는데, 그중 하나가 사교댄스였다. 그 수업에서 나는 펜실베니아 주 메키즈포트 출신의 젊은 아가씨와 댄스 파트너가 되었다. 그녀는 교내 수영 팀의 다이빙 선수였다. 신앙심이 깊은 어머니 밑에서 자란 탓인지 수줍음이 많고 조용한 성격이었다. 나는 다른 여자들에게 접근했던 것처럼 이번에도 그녀를 쫓아다니기 시작했다.

우리가 언제 처음 섹스를 했고, 그 관계가 얼마나 오래갔는지는 기억나지 않지만 어느 날 그녀는 내게 전화를 걸어 임신했다는 소식을 전했다. 그 순간 내 머릿속은 뒤죽박죽이 되었다. 나는 많은 고민 끝에 그녀와 결혼해서 정정당당한 사내가 되겠다고 결심했다. 낙태가 점점 선택의 문제가 되어가던 시기였지만 그러고 싶지 않았다. 내 생각에 그 결정은 베트남과 많은 관계가 있었다. 나는 결혼은 원하지 않았지만 아이를 가지고 싶었다. 어쩐지 이 아이가 나를 구원해 주리라고, 무의미한 내 삶에 목적을 부여해줄 것이라고 굳게 믿었다.

그렇게 우리는 아들을 가졌다. 아내와 나는 아기와 함께 침실에 누워 있곤 했다. 하지만 나는 아기가 칭얼댈 때마다 안절부절 못하다가 술을 마시거나 집을 나갔다. 뚜렷한 이유는 알 수 없었지만 그때는 그럴 수밖에 없었다. 나는 내가 제 정신이 아니거나 뭔가 문제가 있다고 생각했다. 하지만 어쨌든 아이가 울 때마다 달아나고 싶은 충동에 빠졌다.

지금의 나는 그때 아이의 울음을 도저히 참을 수 없었던 복잡한 이유를 안다. 그중 한 가지를 들자면 내게 울음은, 나의 울음이든 다른 누군가의 울음이든, 두렵고 참을 수 없는 감정이었다. 나는 슬픔을 항상 억압해 왔다. 하지만 그 외에도 다른 중요한 문제들이 있었다. 그 문제들은 그 당시의 나로서는 인정할 준비가 되어 있지 않았고, 그 이후로도 몇 년 동안 직면하려고 하지 않았던 것들이다. 결국 아들이 세 살쯤 되었을 때 나는 아이와 아내를 버리고 떠났다. 나는 나 자신의 고통에 완전히 지배 당했고, 내가 내 안의 고통을 직면하는 데 얼마나 큰 두려움을 느끼는지조차 알지 못했다. 단지 이대로는 도저히 견딜 수 없다는 생각뿐이었다.

전쟁에서 돌아온 후, 나는 평화운동에 참여하라는 권유에 응했다. 하지만 내가 평화주의자라서가 아니었다. 나는 전쟁이 끝나야 한다고 생각해서 그 운동에 참여했지만, 그 정확한 이유는 미국이 전쟁을 제대로 하고 있지 않았기 때문이었다. 베트남에 간다면 이기기 위해 싸워야 한다. 만약 이기기 위해서 싸우려는 게 아니라면 베트남에 군인들이 있을 필요가 없다. 그것이 1968년과 1969년의 내 생각이었다.

한편으로, 그 당시의 평화운동은 또 다른 전쟁운동이었다. 그것은 폭력이 다반사였고 추했다. 우리 베트남 참전자들은 평화운동가들의 소중한 재산이었지만, 동시에 그들의 소모품이나 마찬가지였다. 그들은 우리가 그 운동의 목적에 봉사할 수 있는 한 우리를 원했지만, 치료가 우리의 목적이 되었을 때 그들은 우리에게 아무런 관심도 보이지 않았다.

1969년인가 70년에, 나는 몇몇 참전자들과 함께 워싱턴 D.C.로 갔다. 우리는 백악관 담장에 스스로 쇠고랑을 채우고 훈장을 담장 너머로 내던졌다. 경찰이 와서 우리를 때렸다. 이 것이 전쟁과 폭력의 광기다. 바로 이 사람들이 내가 지키려고 싸웠던 사람들이다. 이들을 위해 나는 전쟁에서 목숨을 걸었던 것이다.

1969년, 나는 아직도 펜실베니아의 한 대학에 있었다. 그 당시 학교에서는 내가 유일한 참전군인이었을 것이다. 밀라이학살(1968년 미군이 베트남 민간인 500여 명을 학살한 사건)이 일어났을 때 나는 정치학 수업을 듣고 있었다. 학살에 대한 토론이 시작되었고, 학생들은 미군들이 범한 무서운 잔학행위에 대해 이야기하고 있었다. 학생들은 부대원을 인솔했던 윌리엄 캘리 중위가 사형을 선고 받아 마땅한 범죄를 저질렀다고 선언했다. 군인이 아니라 이 대학 내 평화운동가들의 판결이었다. 그래서 나는 벌떡 일어나서 말했다.

"그 중위가 전범이라면 해리 트루먼은 어떻게 생각합니까? 그는 두 개의 원폭을 투하하라는 명령으로 수십만 명의 일본 민간인을 죽였습니다."

하지만 그들은 그 사실에 대해 말하고 싶어 하지 않았다. 그들은 단지 이렇게 말할 뿐이었다.

"당신이 뭔데 그렇게 말합니까? 당신은 전쟁의 본질을 이해하지 못합니다."

나는 나 자신이 베트남 참전군인이라고 밝혔다. 나는 그 전쟁으로 폐인이 되었고, 몇 차례 부상 당해서 심한 상처를 입었고, 그 모든 것이 열아홉 살 생일 이전에 일어났다고 말했다.

"전쟁의 본질을 이해하지 못하는 사람은 너희야. 너희는 지금 너희가 누리고 있는 권리를 보호하기 위해 군인들이 매일 무엇과 맞서 싸워야 하는지 이해하지 못해. 정말로 이해하지 못하는 것은 바로 너희들이야."

나는 격노를 억누를 수 없었다. 격노는 화와 다르다. 격노는 뚜렷한 대상이 없는 거대한 감정의 폭탄이다. 격노는 슬픔과 무기력과 절망과 냉대를 깊이 느낄 때 생겨난다. 나는 그러한 감정들을 다루는 방법을 몰랐다. 나는 오직 격노함으로써만 그 감정들을 표출할 수 있었다. 그리고 어느 틈엔가 경찰이 권총을 들이대고 나를 교실 밖으로 끌어내고 있었다.

베트남에서 집에 돌아온 때부터 1983년 약물-알코올중독 재활프로그램에 참가하기 약 한 달 전까지 나는 항상 권총을 가지고 다녔다. 권총이 없으면 불안을 견딜 수가 없었다. 권총을 가지고 잠을 잤고, 권총을 가지고 밥을 먹었고, 권총을 가지고 학교에 갔고, 권총을 가지고 차를 몰았다. 나의 안전감은 전적으로 권총에 의지하고 있었다. 그때 나는 안전이란 우리 주위의 (또는 우리 안의) 세계를 지배함으로써 생기는 것이 아니라는 사실을 아직 이해하지 못했다. 후에 불교의 가르침을 공부하고

서야 진정하고 영속적인 안전은 오직 우리 자신의 고통과 조화를 이루며 사는 법을 배움으로써만 생긴다는 사실을 알게 되었다.

1978년 어느 날 저녁, 나는 집 앞의 층계에 앉아서 장전되지 않은 엽총을 턱에 대고 '철컥 철컥' 하며 방아쇠를 당기고 있었다. 내가 원했던 건 오직 죽음이었지만, 동시에 나는 정말 죽고 싶지 않았다. 나는 이 모든 고통과 함께 살 수 있는 길을 몰랐다. 그 대신 계속 바깥을 바라보며, 나를 도와주고 고쳐주고 낫게 해줄 뭔가를 찾고 있었다. 하지만 그 무엇도 소용없었다.

나는 자주 베트남에서 죽은 병사들이 행운아라고 느꼈다. 살아남은 우리, 그 상처를 안고 이 현실과 함께 살아야 하는 우리는 계속 대가를 치러야 했다. 우리는 전쟁 참전에 대한 결정과 그 영향에 대해 책임을 지려 하지 않는 이 나라, 이 문화의 희생양이었다.

전쟁은 한 번의 선전 포고로 시작해서 한 번의 휴전으로 끝나지 않는다. 전쟁의 씨앗은 끊임없이 뿌려지고 그 수확은 영원히 계속된다. 나는 내 가족 안에서 전쟁 이전의 전쟁을 경험했고, 베트남에서 진짜 전쟁을 경험했고, 전쟁이 끝난 뒤의 전쟁도 경험했다.

1985년, 나는 베트남 참전 기념비를 보러 워싱턴 D.C.로 갔다. 대리석으로 된 기념비에는 베트남에서 죽은 58,000명 이상의 미군들의 이름이 새겨져 있었다(베트남에서 사망한 미군들의 수는 58,206명으로 발표되었다). 그런데 이것이 전부일까? 미국의 베트남 개입은 공식적으로 1975년에 끝났다. 그러나 1975년부터 이 글을 쓰고 있는 지금까지 어림잡아 베트남에서 복무한 100,000명 이상의 미국인 남녀가 자살한 것으로 추정된다. 또한 미국의 노숙자 인구 중 약 40~60퍼센트가 베트남 참전 군인들이다. 그리고 베트남 참전 군인은 국민 평균보다 이혼율이 훨씬 높다. 나와 마찬가지로 다른 참전자들도 친밀한 부부관계를 맺을 능력을 상실한 것이다.

그러므로 전쟁이 아직 끝나지 않았다는 사실은 의심할 여지가 없다. 전쟁은 결코 끝나지 않는다. 나 역시 전쟁에 참여함으로써 많은 면에서 상처를 입었다. 전쟁은 내 몸과 마음과 영혼에 상처를 남겼다. 전쟁의 현실은 사라지지 않고 오늘도 나와 함께 살고 있다. 그 현실을 숨기려고 해봐야 소용없다. 전쟁은 절대로 내 삶에서 사라지지 않기 때문이다.

베트남전은 영웅주의와 역겨운 찬사의 미명 아래 군인들의 고통과 슬픔을 숨기려는 시도가 어긋나버린 최초의 전쟁이다. 그 전쟁의 패배와 수치심으로 우리는 모든 전쟁과 폭력에 따르는 수치심을 더 진실하게 보게 되었지만, 그 값비싼 대가는 오로지 베트남 참전자들만의 몫이었다.

가족과 친구들의 포옹, 화려한 색종이가 흩날리는 축하 퍼레

이드의 광경은 그 숱한 고통과 잔혹을 정당화해 주는 듯 보인다. 하지만 내가 아버지 세대의 사람들과 점점 더 깊이 교류하게 되었을 때, 나는 제2차 세계 대전에서 퇴역한 많은 참전자들 역시 자신의 가족과 고립된 채 말없이 고통 받으면서 일생을 보냈음을 알게 되었다. 그들은 대개 차고나 지하실에서 홀로 시간을 보냈다. 내 아버지처럼, 그들도 전쟁의 후유증 – 죄의식, 수치심, 혼란, 두려움, 분노, 무감각 – 을 술로 달래고 있었다. 그들은 침묵의 구덩이에 빠져서 죽어가고 있었다.

군대에서는 사람을 인간으로 생각하지 말라고 가르친다. 또한 우리 사회의 많은 곳에서도 사람을 인간으로 생각하지 말라고 가르친다. 사람을 인간으로 대하지 않는 것이 하나의 습관이 되어버리면 그 습관은 좀체 바뀌지 않는다. 하지만 우리가 다른 사람을 인간으로 대하지 않는다면 우리도 우리 자신의 인간성을 잃게 된다.

이것은 군대에서만 일어나는 일이 아니다. 텔레비전, 영화, 잡지를 보라. 거리, 상점, 일터를 보라. 군에 가지 않은 사람들도 비슷한 문제에 마주친다. 학교 안에서의 총기 난사 사고를 보라. 동성애자라는 이유로, 차가 막힌다는 이유로, 누군가를 죽도록 두들겨 패는 사람들을 보라. 심지어는 계산대 앞에서 그 짧은 기다림도 참지 못해 앞사람에게 폭언을 퍼붓기도 한다. 삶의 곳곳에서 우리는 상대방을 인간으로 대하지 않고, 그로 말미암아 스스로 인간이기를 포기하고 있다.

베트남 전쟁, 걸프 전쟁, 코소보 사태, 로스앤젤레스와 하트포드와 덴버와 클리블랜드에서의 길거리 싸움, 그리고 우리 가정에서 일어나는 전쟁들. 이 전쟁들의 실체는 무엇인가? 베트남전은 우리 각자의 마음속에서 일어나는 갈등의 상징적인 표현일 뿐이다. 이처럼 우리는 모두 폭력의 씨앗, 전쟁의 씨앗을 지니고 있다.

나는 1983년 약물중독 재활센터에 들어가서 마약과 술을 끊었다. 명백한 마취제인 마약과 술을 끊고 나자, 나는 나 자신을 바라보지 못하게 했던 숨겨진 마취제들을 발견하게 되었다. 나는 그것들도 모두 끊었다. 우선 카페인과 니코틴을 끊었다. 정제설탕과 고기를 먹지 않았고, 문란한 여자관계도 정리했다. 나는 점점 더 나 자신 속으로 돌아왔고 적극적인 치료를 결심했다. 물론 그 당시에는 그런 변화의 의미를 제대로 이해하지 못하고 있었다.

1990년, 나는 더 이상 베트남에서의 경험을 억눌러 놓을 수 없게 되었다. 베트남은 내 머리의 통제를 벗어나려 했다. 나는 베트남에 대해서 머리로만 말했을 뿐, 그 경험 전체에 온전히 내 마음을 연 적이 없었다. 그 고통이 몹시 커져서 숨거나 달아나고만 싶었다. 사실 처음엔 또다시 취할거리를 찾아 나설 생각이었다. 취기는 한 장의 담요처럼 고통을 덮어준다. 하지만 그 담요 아래, 즉 내 마음속에는 가시로 된 철사가 가득하다. 움직일 때마다, 가시철사는 나를 베고 피부를 찢는다. 나는 술에 취하면 내 피부와 가시철사 사이에 쿠션이 놓인다는 망상을 해보지만 그건 전혀 진실이 아니다. 단지 그것은 신경이 마비되어 살갗이 찢기는 것을 느끼지 못하는 상태일 뿐이다.

그런데 이번에는 취하지 않았다. 대신 베트남의 틱낫한 스님이 이끄는 '베트남 참전자들을 위한 불교명상 수련회'에 참석했다.

촛불

양초가 타고 있다고 상상해 보라. 양초 끝의 불꽃은 뜨겁고 빛나며 어둠을 그 빛으로 밝힌다. 그 이미지는 삶의 어둠 속에서 걷던 나를 일으켜 세워 주었다. 물론 그 어둠은 나의 깨달음을 위해 주어졌던 꼭 필요한 길이었지만 말이다.

마약과 술을 끊은 지 7년째 되던 1990년의 일이다. 내게는 더 이상 도망갈 곳이 없었다. 굳게 억압되어 있던 전쟁에 대한 감정들이 표면으로 새나오고 있었고, 나는 그것을 더 이상 억누를 수 없었다.

나는 매사추세츠 주의 콩코드에 살면서 훌륭하고 인자한 한 여성 사회사업가로부터 도움을 받고 있었다. 나 자신의 감정에 완전히 매몰되어 죽고 싶은 지경에 이르렀을 때 그녀는 나를 지지해 주었고 정신적으로 붙잡아 주었다. 나는 자아의 감옥에 빠져 있었고, 죄의식과 후회와 불안과 두려움 속에 갇혀 있었다. 너무 괴로워서 집 밖으로 나갈 수조차 없었다. 육체적으로 감정적으로 포위되고 궁지에 몰려 있었다. 그녀는 계속 나에게 전화를 걸어 부드럽지만 집요하게 자기 사무실로 오도록 권했다. 그녀는 광기에 맞닿아 있는 나를 계속 도와주었고, 지금의 고통은 아마도 전쟁과 관련된 나의 감정들을 처음으로 접촉해서 생기는 것일 거라고 이해시켜 주었다.

그러던 어느 날 그녀는 한 불교 승려에 대해 이야기했다. 그녀는 그 승려가 베트남 참전자들과 함께 명상을 하며 참전자들에게 평화를 전해주고 있다면서 그의 책 몇 권을 읽어보라고 말했다. 그 승려가 베트남 출신이라고 말한 것은 나중이었다. 나는 치료를 결심했기 때문에, "네, 그러죠. 그 책들을 읽어 보겠습니다." 하고 대답했지만 그 약속을 지킬 수 없었다. 알고 보니 그 승려는 나의 적인 베트남 사람이 아닌가. 책을 읽으려고 할 때마다 우리에게 총을 쏜 베트남 승려들의 모습이 불현듯 떠올랐다.

6개월 후, 내가 참가한 치료 그룹의 한 여성이 뉴욕의 라인벡에 있는 홀리스틱holistic 교육센터인 오메가협회에서 발행된 카탈로그 하나를 주었다. 카탈로그의 한 페이지에는 나를 위해 책갈피가 끼워져 있었다. 그 페이지를 펼쳤을 때, 나는 바로 그 베트남 출신의 틱낫한 스님의 사진과 함께 그분이 베트남 참전 자들을 위한 명상수련회를 이끌고 있다는 안내문을 보게 되었 다. 그때까지 나에게는 좋은 핑계거리가 있었다. 틱낫한 스님은 프랑스에 계셨고, 나는 그곳까지 갈 돈이 없다는 것이다. 나는 취업도 어려울 뿐 아니라 일을 할 수 있는 상태도 아니었다. 하 지만 그 카탈로그에는 도움이 필요한 사람에게는 장학금이 지 급된다는 글귀가 노란색 형광펜으로 밑줄 그어져 있었다. 돈이 없다는 핑계도 댈 수 없고, 열심히 치료에 임하겠다고 공언한 뒤였으므로 결국 나는 그 수련회 참가를 거부할 수 없는 처지 가 되었다.

우선 나는 수련회 측에 전화를 걸었다. 그리고 전화 받는 사 람에게, 나는 사람들과 함께 지내기가 어렵다고 설명했다. 나는 사람들과 어울리는 것이 불안하고 불편했으며 혼자서 내 마음 대로 지내고 싶었다. 나는 또 그녀에게, 내가 밤에 잠을 잘 이루 지 못해서 애를 먹는다고 말했다. 그것은 나의 끔찍한 수면장 애를 점잖게 표현한 것일 뿐이다. 그래서 오메가협회 사람들은 이 '폭발 직전의 베트남 참전자'를 수련회에 참석시켜도 될지 고 민하다가 결국 주최자들을 불러 의견을 물었다. 그때 주최자들 은 이렇게 말했다고 한다.

"우리는 아무도 거절하지 않습니다."

이 말이 나의 적이었던 베트남인들의 대답이었다. 그들은 거듭 말했다.

"우리는 아무도 거절하지 않습니다."

내가 목숨을 걸고 지켰던 내 동포들은 나를 탐탁치않게 여겼는데 말이다.

나는 오토바이를 타고 수련장으로 향했다. 그 당시 나는 검은 가죽점퍼를 걸치고, 검은 장화를 신고, 검은 헬멧과 황금빛 반사유리 안경을 쓰고, 목 주위에는 빨간 스카프를 두른 차림새로 검은색의 할리 데이비슨 대형 오토바이를 몰고 다녔다. 호감을 주는 첫인상과는 거리가 한참 멀었다. 사람을 멀리하기 위해 의도된 모습이었기 때문이다. 나는 그럴 정도로 사람들이 무서웠다.

나는 그 장소를 조사하기 위해 일찌감치 수련장에 도착했다. 우선 수련장 주변을 꼼꼼히 돌아보며 상황을 파악했다. 경계선은 어딜까? 내가 공격받기 쉬운 위험한 장소는 어디인가? 이곳은 미지의 공간이고, 내게 미지는 곧 전쟁을 의미했다. 낯선 사람들과 함께 지내야 하는 일정은 나를 두렵게 했고, 그 두려움의 느낌이 자꾸만 전쟁을 떠올리게 만들었다.

나는 정찰을 마치고 등록처로 가서 야영지의 위치를 물었다. 사람들이 많은 곳에서는 텐트를 치고 싶지 않았다. 낯선 사람들이 너무 두려웠다. 그때는 해질녘마다 두려움에 빠져들던 시기였다. 매복의 두려움, 공격의 두려움, 전투가 벌어지지 않을까

하는 두려움…. 이성적으로는 말도 안 되는 공상이라고 생각했지만, 두려움은 내 이성을 압도했다. 나는 다른 사람들과는 떨어진 숲속에다 텐트를 쳤고, 거기 앉아서 나 자신에게 물었다.

"지금 여기서 무얼 하고 있는 거야? 왜 베트남 승려의 불교 수련회에 와 있는 거냐구? 넌 제정신이 아니야, 완전히 미쳤어."

수련회 첫날밤은 틱낫한 스님의 말씀으로 시작되었다. 방 안으로 걸어 들어오는 그분의 얼굴을 보는 순간, 나는 울음을 터뜨렸다. 나는 항상 베트남인들을 나의 적이라고 생각했지만, 처음으로 이 사람은 나의 적이 아니라고 느꼈다. 그것은 머리로 따져보거나 생각한 결과가 아니라 내 안의 어딘가 깊은 곳에서 일어난 하나의 자각이었다.

이 베트남 사람을 보고 있자니 전쟁의 기억들이 물밀듯이 몰려오기 시작했다. 대부분이 내가 지금까지 잊고 있었던 사건들이었다. 그리고 그 기억들 중 하나는, 왜 내가 오래전에 내 아기의 울음을 견딜 수 없었는지를 깨닫게 해주었다.

베트남에서 복무한 지 6개월쯤 되었을 때였다. 우리는 어느 마을 밖에 착륙해서 헬기 엔진을 껐다. 마을 근처에 착륙할 때면 종종 아이들이 떼 지어 달려와 헬기 주위를 둘러싸곤 했다. 그런 아이들은 음식을 구걸하거나, 파인애플이나 바나나나 코카콜라를 팔거나, 자기 어머니나 누이의 매춘을 알선한다. 그날도 스물다섯 명 정도의 아이들이 헬기 주변으로 모여들었다. 그 수가 점점 늘어날수록 우리는 불안해졌다. 베트콩은 종종 아이들을 이용해 우리를 공격했기 때문이다. 그래서 누군가가 M60 기관총을 아이들 머리 위로 한 번 갈겨서 그들을 쫓아냈다. 그런데 다른 아이들은 다 도망갔는데 한 아기가 땅에 누워 울고 있었다. 헬기에서 60센티미터 정도 떨어진 곳이었다. 나는 서너 명의 병사들과 함께 아기에게 다가갔다. 나의 선한 본능은 그 아기를 달래주라고 말했다. 하지만 이번 경우는 왠지 불길한 느낌이 들었다. 그리고 그 예감이 "모두들 멈춰!"라는 외침으로 입에서 막 나오려던 찰나 한 병사가 손을 뻗어 아기를 잡았고 그 아기는 폭발했다. 아마도 그 아기는 부비트랩에 걸려 있었을 것이다. 동시에 적의 수류탄과 박격포가 날아들기 시작했다. 세 명의 전우가 죽고, 나는 간신히 목숨을 걸질 수 있었다. 하지만 내 몸은 피와 잘린 사지로 뒤범벅이 되었다.

내 마음은 너무나 충격적인 이 사건을 감당할 수가 없었다. 그래서 이 기억은 1990년의 그날 저녁까지, 내가 접근할 수 없는 영역 속에 감춰져 있었다. 그러나 틱낫한 스님을 뵙게 되자 베트남의 기억들이 다시 몰려오기 시작했다. 표현되지 않고 억눌려져 있던 그 모든 생각과 감각과 감정들….

나는 전쟁이 어떻게 나에게서 관계 맺는 능력을 빼앗아갔는지를 처음으로 이해하게 되었다. 아버지가 그랬듯이 나도 내 아들을 포함한 다른 사람들과 친밀한 관계를 맺지 못하게 되어버린 이유를 그제야 비로소 깨달았다. 내가 세 살 난 아들과 아내를 떠난 것은 그들을 견딜 수 없어서가 아니라 그들로 인해 떠오르는 기억들을 참을 수가 없어서였다. 그것은 나 자신의 고통 때문이었다.

틱낫한 스님, 그리고 베트남 비구니이며 그분의 조력자인 짠 콩 스님과 수련 과정을 함께 할 때마다 전쟁의 기억들은 계속 몰려왔고, 나는 두려움에 몸을 떨어야만 했다. 한번은 사람들이 둥글게 모여 서서 간단한 운동을 하고 있었다. 나는 불안하고 싫었지만 그 무리에 끼어 있었다. 그런데 짠 콩 스님이 원 밖으로 걸어 나가는 게 아닌가. 나는 두려웠다. 총이 없었기 때문이다. 언젠가 아군에 의해 진압된 마을로 걸어 들어갔을 때, 뒤에서 자동화기로 우리를 공격했던 승려들이 떠올랐다. 그런데 지금 여기서 나는 한 베트남 비구니가 무방비 상태인 베트남 참전자들을 뒤로한 채 걸어가는 모습을 목격했다. 나는 폭발할 것 같은 기분이었다. 이 비구니를 무슨 근거로 믿을 수 있단 말인가?

틱낫한 스님은 수련장에서 우리에게 말씀하셨다.

"참전 용사인 여러분은 촛불과도 같습니다. 여러분은 밝고 뜨겁게 타오릅니다. 여러분은 고통의 본질을 깊이 이해하고 있습니다."

스님은 고통을 변화시키고 치유할 수 있는 유일한 길은 고통과 직접 마주해서 깊고 세세한 고통을 분명히 인식하고, 그것이 현재 우리 삶에 어떤 영향을 미치는가를 깨닫는 것이라고 말씀하셨다. 그분은 우리가 경험을 털어놓도록 격려하셨고, 사람들은 우리의 말을 귀 기울여 듣고 이해해야 한다고 말씀하셨다. 그분에 따르면, 우리는 세상을 치유하는 강력한 힘을 상징하는 존재들이었다.

또한 스님은 우리보다 비참전자들에게 더 큰 책임이 있다고 말씀하셨다. 만물은 예외 없이 서로 연관되어 있으므로 누구도 책임을 피할 수 없는 법이며, 스스로 책임이 없다고 생각하는 사람들이야말로 전쟁에 가장 책임이 있고, 전쟁을 일으키는 원인은 비참전자들의 생활방식 그 자체에 있다고 말씀하셨다. 스님은 비참전자들이 참전자와 한자리에 앉아 그들의 경험에 진실로 귀를 기울여야 한다고 말씀하셨다. 비참전자들은 우리와 접촉할 때 일어나는 모든 감정을 수용해야 하고, 우리의 말을 가로막거나 우리의 존재를 피해서는 안 된다고도 하셨다.

수련회는 6일간 진행되었다. 베트남인들과 함께 지내는 것은 베트남에서 겪었던 나의 감정적 혼란을 들여다볼 기회를 주었다. 나는 이 경험이 아주 유용하고 귀한 선물이며, 앞으로도 그럴 것임을 깨달았다. 내 안에 자리 잡은 고통의 깊은 본질을 자각하지 않고서는 치유와 변화가 일어나지 않는다. 우리는 계속

조금 더 일찍 당신을 만났더라면 •

그 고통을 재창조해내며 다른 사람에게 피해를 끼치게 된다.

수련회가 끝날 즈음, 나는 짠 콩 스님에게 용서를 구하러 갔다. 내가 저지른 온갖 폭력과 살인에 대해서 어떤 식으로든 속죄하고 싶었다. 나는 직접적으로 사죄하는 방법을 몰랐다. 아니, 용기가 없었을 것이다. 내가 겨우 할 수 있었던 것은 "베트남에 가고 싶습니다."라는 말뿐이었다. 우리가 베트남을 재건하는 일에 일조하고 싶다면 그들이 중간에서 도와주겠다고 하는 말을 들었기 때문이다. 그래서 나는 베트남에 가고 싶다는 뜻을 표했다. 눈물이 나서 겨우 그 말밖에는 할 수가 없었다.

짠 콩 스님은 눈물 흘리는 나를 보고 이렇게 말씀하셨다.

"베트남에 가시기 전에, 플럼빌리지에 먼저 가시는 게 좋을 듯 싶습니다."

플럼빌리지는 프랑스에 있는 틱낫한 스님의 수행처이자 공동체였다. 스님은 말씀을 이었다.

"여름에 오신다면 피난민과 선상난민(Boat People)들을 포함한 많은 베트남인들과 함께 지내게 됩니다. 선생님은 새로운 방식으로 베트남인을 이해하게 될 겁니다. 플럼빌리지로 오세요. 저희는 선생님을 도울 수 있습니다. 아니 저희가 돕겠습니다!"

나는 이 제안에 매우 감격했다. 내 나라에서는 그 누구도 나에게 그런 도움을 제안하지 않았다. 그 누구도 우리가 평화를 찾고 다른 방식으로 살 수 있도록 도움과 지원을 주려고 한 적이 없다.

나는 그 제안의 진실성과 정직성을 마음 깊이 받아들였다. 하지만 내 적이 그런 제안을 하고 있다는 사실은 뜻 깊으면서도 혼란스러웠다. 전쟁터에서는 위험과 안전, 선과 악을 구별하기가 어렵다. 그것은 학대받는 아이의 혼란과 아주 흡사하다. 어른은 누구든지 말할 것도 없고, 정말 도와주고 싶어 하는 사람들조차 그 아이에게는 학대자로 의심받는다. 이처럼 폭력과 전쟁은 우리의 일상과 인간관계를 두려움과 불신으로 물들여 오염시킨다.

나는 짠 콩 스님의 제안에 깊은 감사를 표했지만 주저하며 말했다.

"저도 정말 가고 싶지만 그럴 수가 없습니다. 그럴 돈이 없습니다."

그러자 스님은 대답하셨다.

"돈에 대해선 걱정하지 마세요."

내 여행 경비는 수련회에 참가한 사람들의 기부금으로 지급되고, 플럼빌리지의 체류 비용은 그곳의 베트남 공동체에 의해 지원된다는 것이다. 이처럼 나의 적은 내 나라가 결코 하지 못했던 방식으로 나를 돕고 껴안았다.

나는 플럼빌리지로의 초청에 동의하자마자 마음이 가벼워졌다. 무거운 짐을 내려놓은 기분이었다. 베트남인들이 내게 준 보살핌과 지원에 흥분했고 깊은 감사를 느꼈다. 하지만 사나흘이 지날 무렵 다시 두려움이 고개를 들었다. 내 나라에선 그 누구도 순수하게 손을 뻗쳐 도우려 들지 않았다. 그런데 어째서, 그것도 나의 적이 나를 이렇게 돕고 감싸 안아주리라고 믿는단 말인가? 두려움은 이렇게 속삭였다.

"그놈들이 나를 초대하는 이유는, 나를 재판에 넘겨 전범으로 감옥에 처넣거나 처형시키려는 수작일 뿐이야."

하지만 합리적인 마음은 "그들은 그렇게 생각하지 않아." 하고 말했다. 하지만 그 두려움은 끈질기게 나를 괴롭혔다.

그러나 나는 두려움을 받아들이고 그 정체를 깊이 꿰뚫어보라고 배웠기에, 앞일이 어떻게 되든 프랑스에 가겠다고 다짐했다.

"설령 그들이 날 죽인다고 해도 차라리 마음은 편안해지겠지."

나는 플럼빌리지에서의 첫 번째 여름에 약 6주간을 머물렀다. 플럼빌리지 공동체에는 약 4백 명의 베트남인이 있었다. 눈에 보이는 모든 광경이 억눌려 있던 기억을 자극했고, 나는 전쟁의 경험을 점점 더 깊이 접촉하게 되었다. 내가 목격한 고통, 내가 느꼈던 절망, 우리와 적군이 입었던 상처들…. 그것은 곳곳에 있었다.

플럼빌리지는 두 개의 거처로 나뉘어 있다. 하나는 아랫마을이고, 다른 하나는 윗마을이다. 윗마을에는 주로 서양인들이 살고, 아랫마을에는 베트남인들이 산다. 그래서 플럼빌리지에 도착했을 때, 내 거처에 대한 논의가 있었다. 난 서양인들과 함께 머물러야 하지 않을까 생각했지만, 짠 콩 스님은 "아닙니다. 선생님은 베트남인들과 함께 지낼 겁니다." 하고 말씀하셨다.

하지만 나는 베트남인들과 지낼 수 없었다. 그래서 공동체에서 4백 미터 정도 떨어진 숲속에 텐트를 쳤다. 또한 텐트에서 반경 20~30미터 정도에 경계선을 긋고 부비트랩*을 설치했다. 실제로 사람을 해치려는 게 아니라 겁을 주거나 사람이 가까이 왔다는 사실을 내가 미리 알기 위해서였다.

플럼빌리지를 떠나기 열흘 전 나는 그 부비트랩을 철수했다. 나는 짠 콩 스님에게 누군가를 다치게 하려는 의도가 아니라 단지 나 자신을 보호하고 싶었다고 설명했다. 스님은 말씀하셨다.

"부비트랩을 철수하신 것은 잘한 일입니다. 하지만 다시 설치하고 싶다면 그렇게 하세요."

그 말씀은 내가 지금까지 경험한 적 없는 '무조건적인 받아들임'이었다.

---

* 사람이 무심코 건드리기 쉬운 물건이나 장소에 경고음을 내거나 놀라게 하는 장치를 설치해 놓은 것.

베트남인들의 공동체는 내게 사랑을 보여주었다. 그들은 나를 재판에 회부하지 않았다. 그들은 나로 하여금 자신의 본성을 깊이 들여다보고, 마음챙김 속에서 그들과 함께 걸으며 치유되고 변화되는 기회를 갖게 했다.

　특별한 말이 오가는 것은 아니었지만, 그들과 함께 있다는 사실이 중요했다. 마주하는 얼굴마다 어떤 기억을 떠올리게 했다. 음식을 요리하는 냄새든, 축제의 광경이든 관계없었다. 아름다운 옷을 입은 아가씨를 보아도 전쟁터의 소리가 들렸다. 자동화기, 폭격음, 비명⋯. 나는 화약과 전쟁과 피 냄새를 맡을 수 있었고, 내가 참가하고 목격했던 모든 마을의 습격 장면이 생생하게 기억났다.

　아무 말도 할 수 없었다. 나의 감정을 터놓을 수가 없었다. 만약 나의 과거를 밝힌다면 베트남인들이 분명히 날 싫어할 거라고 믿었기 때문이었다. 내가 베트남 참전 용사라는 걸 알고 나면 당연히 나를 증오하지 않겠는가. 하지만(나중에 알게 되었지만), 틱낫한 스님과 짠 콩 스님은 내가 누구이고 왜 여기 있는지를 베트남 거주민들과 수행자들에게 이미 알린 터였다. 그래서인지 베트남인들은 나에게 더욱 깊은 애정을 보여주었다.

　플럼빌리지에 머무는 동안 나는 죄의식으로 괴로워했다. 스님들에게 내 고통을 이야기할 때마다, 그들은 이렇게 말하곤 했다.

"과거는 과거일 뿐입니다. 오직 현재 이 순간만이 있고, 이 순간은 아름답습니다."

어느 날 프랑스 공군의 미라쥬 제트기 한 대가 플럼빌리지 마을 상공을 아주 낮게 날았다. 순식간에 귀청이 터질 것 같은 굉음이 들렸고, 나에게 그 제트기는 의심할 여지없이 전투기로 보였다. 나는 놀라서 땅바닥에 엎드렸다. 신속하고 잔인한 공격의 참화와 살육을 상상하며 주위를 둘러보는 순간, 나는 전쟁의 기억으로 인해 반사적으로 행동하고 있는 나 자신을 발견했다. 나는 몸을 떨고 눈물을 흘리며 땅바닥에서 일어났다. 나와 함께 지내던 스님은 나를 위로하려 했다. 하지만 그 순간의 느낌을 스님에게 털어놓자, 스님은 또다시 "과거는 과거일 뿐, 오직 현재 이 순간만이 있고 이 순간은 아름답다"는 말을 반복했다. 나는 화가 났다. 사실은 들고 있던 삽으로 그를 때려주고 싶은 마음이 불끈 올라왔다. 하지만 차마 그러지는 못하고 대신 이렇게 소리쳤다.

"과거는 항상 과거가 아닙니다. 때로 과거는 현재 속에 있기도 합니다. 그리고 현재는 아름답지 않고, 나는 현재가 싫습니다!"

나는 이 사건에 대해서 짠 콩 스님에게 이야기했다. 스님은 과거는 과거이고 오직 현재 이 순간만 있는 것도 사실이지만, 우리가 현재 이 순간을 강렬하게 살고 있다면 과거와 미래도 여기 있다고 설명하셨다. 스님은 말씀하셨다.

"우리는 고요한 물처럼 그런 경험과 함께 사는 법을 배울 필요가 있습니다."

스님의 말씀, 그 비유가 나를 도와주었다.

1990년 처음으로 플럼빌리지를 방문한 후, 나는 자주 그곳으로 돌아갔다. 1992년에 틱낫한 스님은 나에게 가사를 입지 않겠느냐고 제안하셨다. 승려가 될 생각도 없었고 그 말씀이 불편했던 나는 스님에게 대답했다.

"저는 가사를 입을 수 없고 불교승려가 되는데도 관심이 없습니다."

스님은 나를 보고 미소 지으며 내 어깨에 손을 얹고 말씀하셨다.

"자네는 이미 승려보다도 더 승려 같다네."

스님은 거기 앉아 있던 사람들에게 내가 '도사'라고 말씀하셨다. 모두가 크게 웃었다. 아마도 스님이 무슨 깊은 뜻이 있어서 그렇게 말씀하시겠거니, 하고 생각했기 때문이었을 것이다. 하지만 사람들은 그때 그 말씀의 의미를 충분히 이해하지 못했고, 나 역시 그저 웃기만 했었다.

나는 이때를 내가 불교를 처음으로 접촉했던 시기로 생각했지만, 알고 보니 열네 살 때 이미 간접적으로 선(禪)을 접했던 적이 있었다. 그 당시 나는 합기도라 불리는 한국식 가라데를 수

련했다. 열여섯 살 때 가라데 선생님이 아홉 달 동안 자신과 함께 승려 생활을 해보자고 권했다. 그래서 그 기간 동안 참선 수행법을 배울 수 있었다. 하지만 그것은 붓다의 가르침이 빠진 수행법이었다.

붓다의 가르침이 없는 선은 위험하다. 물론 고통의 본질을 통찰한 붓다의 가르침을 따르지 않고도 깊은 몰입상태에 들거나 힘을 집중하는 능력을 기를 수는 있다. 하지만 그런 수련은 항상 이기적인 욕망과 갈애와 무지에 노출되어 있다. 어쨌든 나는 계속해서 또 다른 전통 무술인 쿵후를 배웠고, 1989년에는 이런 무술을 수련하는 데 몰두했을 뿐만 아니라 직접 가르치기도 했다.

플럼빌리지에 갔을 즈음에는 이미 27년 넘게 가라데를 수련하고 가르치고 있었다. 한때는 다섯 개의 학교에서 무술을 가르치기도 했었다. 물론 나의 무술 수련에도 중단기가 있었다. 베트남에서 돌아온 후 여러 해 동안 나는 고통에 사로잡혔고 마약과 술에 빠져 있었다. 하지만 몸이 좋아지고 나서는 다시 무술을 시작했다. 그리고 1989년 어느 날 고급반을 가르치고 있었을 때, 내가 하고 있는 일은 사실상 고통의 씨앗에 물을 주는 행위이며 사람들에게 싸우고 죽이는 법을 가르치고 있을 뿐이라는 사실을 문득 깨달았다. 나는 더 이상 그것을 계속할 수 없다고 느꼈다. 그래서 그 일을 그만두었다.

무술 지도를 그만두고 마음이 가라앉자 무술의 폭력성을 변화시킬 수 있는 기회가 찾아왔다. 도복은 승려의 가사가 되었다. 하지만 그 당시에는 스스로도 그런 변화를 눈치 채지 못했다. 틱낫한 스님이 처음으로 나에게 강연을 청한 후에야 비로소 알아차렸다. 스님은 나에게 플럼빌리지에서 열리는 '전문직업인을 위한 수련회'에 강연을 부탁했다. 내가 베트남에 대해서, 그리고 전쟁 중의 내 행위와 그 후유증에 대해서 공개적으로 말한 것은 그때가 처음이었다. 또한 전쟁에 참여하지 않은 사람들 앞에서 강연을 한 것도 그때가 처음이었다.

첫 번째 강연 이후로 말할 기회가 더 많이 생겼다. 마음챙김 명상 수련회를 이끌어 달라는 요청이 잦아졌다. 나는 이런 기회가 사람들에게 치유의 길을 열어준다는 사실을 발견했다. 내가 뉴욕 선원을 알게 되고 그곳의 주지 스님인 버니 글래스먼을 만난 것도 그런 강연에 초청된 덕분이었다. 버니 스님은 나를 조동종의 승려가 되도록 이끌었고, 나는 마침내 승려의 계율을 받았다. 이렇게 가라데 도복과 전투복은 명상수행을 통해서 평화의 가사로 바뀌게 되었다.

수계를 받고 승려가 된 뒤 나는 촛불의 이미지를 현실로 이루기 위해 노력했다. 명상 수련회에 참가하고 그 모임을 활성화했다. 노숙자로 살며 거리 수행도 했다. 수련회에서는 글도 써야 했는데, 그것은 작가이자 활동가인 맥신 홍 킹스톤이 소개

한 수행법이었다.

또한 나는 수행의 일환으로 순례여행을 떠났다. 고대 중국과 일본 승려들의 전통에 따라 발우(승려들의 밥그릇)로 음식을 구걸하고 최소한의 소유물만 가지고 이리저리 떠돌아다녔다. 나는 삶이 무엇을 가져다주든 그것을 받아들이고 몸소 체험하고자 했다. 이런 식으로 폴란드의 아우슈비츠에서 베트남까지, 뉴욕에서 캘리포니아까지 걸어갔다(순례여행담은 이 책의 후반부에 쓰여 있다).

나는 계를 받고 참전 군인들과 죄수들에게 명상을 가르치기 시작했다. 명상은 폭력에서 비폭력으로 나아가고 싶은 사람들에게 하나의 가교 역할을 했다. 나는 실제로 전쟁이 벌어지고 있는 곳으로 가서 전투원과 비전투원과 난민들에게 비폭력에 이르는 하나의 길로 명상과 의식적인 삶을 사는 방법을 가르쳤다.

나는 오래전부터 전쟁과 세상의 폭력으로 고통 받는 사람들과 함께 하고 싶었고, 그런 내 진심을 명상수행을 통해서 절실히 깨달았다. 물론 처음에는 어떻게 시작해야 할지 막막했다. 그러나 이 일에서 내 역할이 아주 중요하다는 느낌은 확실했다.

나는 사람들이 참전자들을 전혀 이해하지 못한다는 것을 알게 됐다. 나는 전 세계의 사람들이 전쟁에 대한 자신의 책임을 인식하지 못하며 전쟁이 그들에게 미치는 영향력도 감지하지 못한다는 사실을 발견했다. 나는 수많은 세대에 걸친 전쟁의 악영향과 고통의 대물림을 그들에게 깨우쳐주고 싶었다. 그들은 전쟁의 책임이 참전자들에게만 있는 것이 아님을 알아야 한다. 사람들은 전쟁을 용인하고, 전쟁 비용을 대고, 전쟁에 파견되는 군대를 지원한다. 하지만 나중에 그들은 자신이 전쟁의 공범이라는 사실을 잊기 위해 전역 군인들에게 등을 돌린다.

내가 베트남에서 돌아왔을 때, 이 사회와 문화는 참전자들을 무시함으로써 전쟁의 책임에서 손을 떼려고 했다. 이런 행동은 참전자들에게만 책임이 있고 자신들에게는 아무 책임이 없다는 명백한 변명에 불과했다. 하지만 이 문제를 깊이 들여다보면, 싸우지 않은 사람과 싸운 사람이 둘이 아님을 알 수 있다. 전쟁에 대한 책임은 우리 모두에게 있다. 전쟁은 우리 바깥에서 일어나지 않는다. 전쟁은 우리 마음의 연장선이고, 전쟁의 뿌리는 우리의 본성 속에 있다. 전쟁은 우리 모두의 내면에서 일어난다.

베트남 전쟁이나 페르시아 걸프전 참전군인들, 아프가니스탄 전쟁에 참가한 러시아 군인들, 캄보디아 내란의 군인들, 보스니아와 크로아티아와 세르비아의 군인들, 그리고 코소보해방군과 여타 전쟁의 군인들과 마주할 때마다 나는 똑같은 이야기를 들었다. 그들은 자기들이 이해받지 못하고 있으며 사람들이 자기들을 꺼려 한다고 말했다. 나는 사람들이 우리를 이해하려고 노력하지 않는다는 사실을 안다. 그들은 우리의 경험을 접할 때마다 자신의 마음속에 있는 고통과 아픔에도 접촉하게 되고 결과적으로는 전쟁에 대한 자신의 책임을 인정해야만 하기 때문이다.

사람을 죽이는 폭력적인 행동은 군인들에게만 해당되는 것이 아니다. 우리는 자신에게 폭력성이 없는 척 할 수 있다. 폭력과 마주칠 때마다 개인이나 사회는 폭력에서 도망치거나, 무시해 버리거나, 폭력을 쫓아내려 한다. 하지만 자기 내면의 폭력적 요소를 시인하지 않고, 자신도 전 세계에서 자행되는 많은 전쟁의 공범임을 자백하지 않고, 자기 안에 잠재되어 있는 폭력성을 깨닫지 못한다면 우리는 온전하거나 균형 잡힌 존재가 될 수 없다.

현실이든 매체를 통해서든 우리는 폭력을 먹고 자라고 있다. 폭력이 미디어의 상품이 되었다는 사실은 무엇을 뜻하는가? 콜럼바인 고등학교의 총기난사 같은 폭력 사건이 코앞에 닥쳐도, 우리는 그런 행동이 사회 분위기의 반영일 뿐이라는 진실을 받아들이지 않고 일부 청소년들의 정신병리나 결손가정 따위의 핑곗거리만을 찾아낸다.

저마다 자신의 베트남을 가지고 있다

전쟁의 폭력이든, 거리의 폭력이든, 가정의 폭력이든, 모든 폭력의 경험자는 타오르는 촛불이며 세상을 치유하는 강력한 힘이 될 수 있다. 우리는 고통을 통해서 치유를 향해 간다. 우리는 우리 자신의 본성을 깊이 바라보고, 느낌의 언어를 만들고 사용함으로써 느끼는 바를 자유롭게 말하여, 폭력의 악순환을 반복시키는 침묵의 벽을 깨뜨려야 한다.

자신의 상처를 드러내지만 않으면 안전하다고 생각하겠지만, 사실은 전혀 그렇지 않다. 우리가 속내를 표현하지 않는다고 해서, 사람들이 그것을 모르거나 그 상처가 영향을 미치지 않으리라 생각한다면 오산이다. 그것은 마치 머리 위에 담요를 뒤집어쓰고 사막 한가운데 서 있으면서도 목말라 죽지 않으리라고 굳게 믿는 것이나 다름없다. 그것은 일종의 자기 학대다. 자신의 상처를 드러내고 치료를 시작할 책임은, 오직 우리 각자에게 달려 있다. 우리는 촛불이다. 우리는 우리 자신과 사회 속에 만연한 침묵의 어둠을 뚫고 나갈 능력이 있다. 우리는 입을 열어 말해야 한다.

나는 폭력과 관련된 체험들은 반드시 말해질 필요가 있다고 믿는다. 어쩌면 본능적으로 그것을 알고 있었다. 하지만 올바로 말하는 방법도, 들어줄 사람도 찾지 못했었다. 사람들은 그런 이야기를 듣고 싶어 하지 않는다. 그들은 진실을 알고 싶어 하지 않는다. 들으려는 의지도 없고, 이해할 능력도 없다.

처음에는 나 역시 크게 다르지 않았다. 단지 나의 경험을 계속 털어놓을 필요가 있다고 믿었을 뿐이다. 이것은 우리 모두에게 해당하는 이야기다. 우리는 모두 직접적이든 간접적이든 삶에서 폭력의 상처를 경험한다. 술 취한 운전사의 차에 치여 죽은 지인, 어린 시절에 학대당했던 경험을 이야기하는 친구, 텔레비전과 신문과 잡지에서 날마다 보여주는 끝없는 전쟁 장면, 이스라엘과 팔레스타인과 스리랑카와 카슈미르에서 매일 일어나는 폭격과 총격전, 루비 리쥐와 웨이코와 오클라호마에서 벌어진 테러들, 그리고 2001년 9월 11일의 테러까지.

언젠가 한 친구는 '외상 후 스트레스 장애'라는 단어는 폭력으로 생긴 깊고 지속적인 영혼의 상처를 표현하기엔 너무 협소한 개념이라고 말했다. 실제로 외상 후 스트레스라는 진단명은 이런 류의 경험을 손쉽게 처분할 수 있게 해주는 편리한 상자처럼 보인다.

물론 전쟁과 폭력에 의한 신체적 상처도 중요하지만, 보이지 않는 상처는 더욱 중요하다. 마음과 영혼의 상처는 훨씬 더 깊은 차원에 있다. 몸의 상처는 어떻게든 치료할 수 있다. 사람들은 그 상처를 눈으로 보고 인정한다. 하지만 마음과 영혼의 상처는 명확히 보이지 않는다. 예를 들어 사람들은 베트남 참전군인들이 반사회적 행동을 보인다고 말한다. 하지만 전쟁을 체험한 우리는 보통의 사회적인 인간관계 맺기가 힘들다. 전쟁은 우리에게서 그런 능력을 앗아갔다.

하지만 나는 베트남에만 초점을 맞추고 싶지는 않다. 베트남은 하나의 특별한 사건일 뿐이다. 제2차세계대전과 한국전쟁도 마찬가지다. 가정에서의 학대도 하나의 특별한 사건이다(물론 가정 학대는 슬프게도 계속 되풀이되고 있지만). 우리는 이 모두를 전쟁이라고 부를 수 있다. 모든 사람이 자신만의 베트남을 가지고 있다. 그 정도는 다르지만 저마다 자신만의 상처를 가지고 있다.

그러므로 우리는 모두 촛불이 될 수 있다. 우리에게는 경험을 통해서 세상을, 그 안의 폭력과 미움과 절망을 변화시킬 수 있는 능력이 있다.

3.
마음챙김의
종소리

AT HELL'S GATE

마음챙김의 종소리

몇 년 전 나는 파리에서 한 친구와 함께 지하철을 타고 있었다. 때는 저녁이었고 지하철 안은 사람으로 꽉 차 있었다. 나는 다리에 이상한 감촉을 느꼈고, 누군가 내 호주머니에 손을 넣으려는 것을 알아차렸다. 나는 반사적으로 그 손을 잡았고, 유연한 동작으로 그 사람의 팔꿈치를 꺾으려 했다. 그것은 본능적인 반응이었다. 하지만 팔꿈치를 꺾으려던 순간, 숨을 고르고 그 동작을 중지했다. 눈 깜짝할 사이에 일어난 일이었다. 그런 나의 행동은 미리 계획된 것이 아니었다. 나는 그 손을 붙잡고 그 사람의 눈을 보며 큰소리로 말했다.

"이봐요, 왜 제 호주머니에 손을 넣습니까? 그럼 안 되죠. 뭐 필요한 게 있습니까? 있으면 말로 하세요!"

그는 눈은 둥그레지고 얼굴은 창백해졌다. 그는 꼬리를 내리면서 미안해하는 태도로 허둥대며 지하철에서 내렸고, 잠시 후 다른 두 사람도 그런 일을 당했다고 내게 말해주었다.

소매치기의 팔을 꺾는다고 문제가 해결되지는 않는다. 그런 행동은 더 많은 고통을 일으킬 뿐이다. 만약 이 사건이 내가 베트남전에서 돌아온 직후에 일어났다면, 과연 이렇게 차분하게 대처할 수 있었을까 의심스럽다. 아마 나는 이전의 삶에서 행동해온 대로, 조건화되고 훈련된 본능대로 반응했을 것이다. 그 순간 무엇이 나의 행동을 중지시켰을까? 그 사람의 팔을 꺾으려고 했을 때, 그 행동과 그에 따른 생각과 느낌과 지각은 마치 하나의 종소리와도 같았다. 그건 마음챙김의 종소리였다.

불교와의 만남은 내 생각과 느낌과 지각의 아주 사소한 부분까지도 주의할 수 있는 의식적인 삶을 가르쳐 주었다. 이런 삶의 방식을 정의하는 용어는 마음챙김(mindfulness)이다. 하나의 삶의 방식으로서, 마음챙김은 내가 깨어나서 고통과 파괴의 순환에서 벗어나도록 돕는다. 주의 깊게 깨어 있는 삶을 사는 것은 사실 새로운 방법이 아니다. 이 가르침은 2천6백 년 이상 존재해 왔다. 물론 그것은 부처님께서 명백히 팔정도八正道*의 하

나로 가르치셨지만, 불교의 가르침에만 있는 것은 아니다. 마음챙김은 모든 영적 가르침의 핵심을 표현하고 있고, 모든 영적 가르침의 핵심은 마음챙김이다. 마음챙김은 지금 이 순간, 지금 여기에 온전히 있는 것이다. 그것은 이 순간밖에 없음을 인식하는 것이다. 부처님께서는 우리가 지금 여기에서 온전히 살 수 없도록 자꾸 방해하는 것이 무엇인지를 알 수 있는 강력한 수행법들을 제시하셨는데, 그중에서 가장 중요한 방법 중 하나는 호흡을 의식하는 것이다.

과거나 미래에 빠지기는 아주 쉽다. 내가 전쟁의 경험에 빠져 있을 때 그런 일이 일어났었다. 나는 베트남 승려들의 총격, 부비트랩에 걸린 아기, 파괴된 마을의 기억에 빠져 있었다. 나는 그런 일들이 다시 일어나지 않을까 하는 두려움에 빠져 있었다. 나는 끊임없이 반복되는 기억에 빠져 있었다. 현재의 순간에 있을 수가 없었다. 그 방법을 몰랐다. 내가 할 수 있었던 일은 과거에서 달아나고 미래로 숨는 것뿐이었다. 나는 집착이나 거부의 습관적 경향에 빠져 있었다. 나는 세상에 대응하고 살아남는 방식에, 나의 조건화된 관념에 집착했다. 그리고 내 관념과 조건에 부합되지 않는 것, 즉 나의 고통을 건드리는 것이면 무엇이든지 거부했다.

호흡 알아차리기

내가 현재에 머물 수 있도록 해주는 방법 중의 하나는 호흡 알아차리기다. 그저 숨을 쉬면서 내가 숨을 쉬고 있음을 의식한다. 자기의 호흡을 온전히 의식한다면 현재가 아닌 다른 곳에는 있을 수 없다.

여러분은 스스로 이것을 경험해보고 알 수 있다. 지금 시도해 보라. 편안히 앉아 배에 손을 얹어라. 숨을 들이쉴 때 배가 부풀어 오르는 것을 느껴라. 숨을 내쉴 때 배가 수축되는 것을 느껴라. 들이쉬고… 내쉬고… 생각의 흐름에서 당신의 호흡으로 의식의 중심을 이동하라. 마음이 산란해진다면, 그 산란함은 여러분을 호흡으로 되돌아오게 하는 부드럽고 고요한 종소리라고 생각하라. 하나하나의 의식적인 호흡과 함께, 여러분은 현재의 순간에 살고 마음챙김 속에서 사는 능력을 연마하고 있음을 알라.

한층 깊은 의식인 마음챙김은 우리 마음대로 지배할 수 있거나, 우리의 이성적 자아로 만들 수 있는 것이 아니다. 마음챙김은 우리의 습관적인 충동, 조건화된 성격, 생각과 행동의 틀에 대해 더 많이 깨어 있을 때 생기는 존재의 한 상태다. 마음챙김이 있을 때, 이러한 습관들은 자기식대로 세상에 대응하라고 우리에게 명령하지 못한다.

마음챙김이 잡념과 기억의 침입이 절로 잦아들게 해주는 것은 아니지만, 나로 하여금 그것들과 더 조화로운 관계에서 살 수 있게 해준다. 호흡에 의식을 둠으로써, 나는 생각은 단지 생각일 뿐이라는 사실을 알게 된다. 생각은 바뀌고 변하며, 떠다니는 구름처럼 오간다. 우리는 생각에 쉽게 사로잡힐 수 있고, 그 생각들이 실체라는 망상에 빠질 수 있다. 호흡에 집중함으로써 나는 내 생각과 감정과 지각의 관찰자가 되고, 그것에 집착하지도 그것을 거부하지도 않는다. 이것이 마음챙김 수행이다. 이것이 해방과 평화로 인도하는 수행이다.

　물론 지금 이 순간 속에 아직도 전쟁의 기억들이 있을 때도 있다. 그런 생각과 느낌과 지각들이 내 의식 속으로 강력히 밀려올 때, 나는 떠오르는 기억에 집착하지도, 그것을 거부하지도 않는다. 대신 나는 호흡에 집중하고, 그와 동시에 그런 고통과 더 조화로운 관계를 맺게 된다. 그런 생각과 느낌과 기억이 사라진다는 뜻이 아니다. 그것들은 사라지지 않는다. 치유는 고통의 부재가 아니다. 나 자신의 삶에 더 깊이 참여하는 이 과정을 통해서, 나는 고통을 거부하는 몸짓을 멈춘다. 이것이 치유이고 탈바꿈이다. 마음챙김 수행은 내가 판단 없이 내 삶의 본모습을 더 의식할 수 있도록 도와준다.

　현재에 살며 삶 속에서 평화를 찾기 위해서, 우리는 모든 행동에 마음챙김할 필요가 있다. 문을 열고, 선반에 접시를 놓고,

일을 하고, 누군가에게 말하고, 신발 끈을 매고, 걷고, 일어서고, 앉고, 이를 닦고, 차를 모는 모든 행위에 마음챙김해야 한다. 우리의 마음은 상념, 과거와 미래의 영상, 꿈, 희망, 후회 등으로 쉽게 산만해진다. 프랑스의 플럼빌리지에 살면서 나는 하나의 종을 이용해 호흡으로 돌아오도록 일깨우는 수행을 배웠다. 그것이 마음챙김의 종소리다. 주지 스님의 말씀을 듣거나 우리가 수행하는 도중에는 드문드문 종소리가 울린다. 그 종소리는 호흡으로 돌아오라는 신호다.

마음챙김의 종소리는 불교 전통에만 있는 게 아니다. 중세시대에 그것은 기독교의 전통이었다. 교회의 종소리는 잠시 일손을 멈추고 우리가 받은 은혜와 삶의 본질을 묵상하라는 부름이었다.

나는 과거나 미래에 쉽게 빠지기 때문에 가끔 종을 가지고 다닌다. 강연을 하면서 사람들에게 멈추어 호흡에 집중하고 현재에 존재하도록 할 때, 종을 자주 이용한다. 하지만 진짜 종이 반드시 필요한 것은 아니다. 우리가 원한다면 모든 곳에서 마음챙김의 종소리를 발견할 수 있다. 주의 깊게 귀 기울인다면, 마음챙김의 종소리는 우리 주위에서 항상 울리고 있다. 교회 종소리는 아직도 여러분 마을에서 정기적으로 울릴지 모른다. 전화기 또한 마음챙김의 종소리가 될 수 있다. 도로를 달리는 차의 움직임과 소리는 나에게 호흡으로 돌아오라는 마음챙김의 종소리가 된다. 빨간색으로 바뀌는 신호등은 숨 가쁜 질주를 멈추고 호흡으로 돌아오라는 부름이다. 개 짖는 소리는 멈추어 호흡에 집중하라는 부름이다. 소매치기의 손을 잡을 때, 그것은 멈추고 호흡으로 돌아오라는 부름이다. 이 모든 것이 마음챙김의 종소리가 될 수 있다. 그것들은 우리를 현재 이 순간으로 돌아오게 한다. 사실 현재 이 순간만이 존재하는 모든 것이다.

여러분이 자신의 삶을 깊이 들여다본다면 호흡으로 돌아오게 하는 많은 마음챙김의 종소리를 발견할 수 있다. 오늘 아침 나는 시리얼에 우유를 따르다가 약간 엎질렀다. 그것은 마음챙김의 종소리였다. 어젯밤 잠이 오지 않아 산책을 하고 있었는데, 총소리와 비슷한 어떤 소리가 들렸다. 그것은 내게 마음챙김의 종소리다. 오늘 약속장소로 바삐 걸어가며 어떤 상념에 빠져 있었을 때, 휴대전화 소리가 나를 이 순간으로 돌아오게 했다. 그것도 나에게 마음챙김의 종소리였다. 길을 걷고 있는데 많은 차가 자욱한 먼지를 일으키며 지나갔고, 나는 무심코 사람들이 차를 너무 빨리 몬다고 생각했다. 그 생각도 마음챙김의 종소리였다. 두려움과 상념과 판단에 빠지거나 고통의 자리에서 행동하는 대신에 나는 호흡으로 돌아와서 거부하거나 집착하지 않고 관찰자가 되었고, 내가 어떻게 고통의 악순환에 참여했고 그것을 영속화하고 있는지를 목격할 수 있었다. 내가 과거에 했던 대로 반응하지 않고 다른 방식으로 행동할 선택의 자유를 가질 수 있었던 건, 소매치기의 손목을 잡거나 차들이 내 앞을 지나가거나 우유를 엎지르는 지금 여기, 바로 이 순간에서였다.

삶의 원인과 조건이 우리를 고통에 빠뜨린다

나는 삶의 대부분을 망각에 빠져 지냈다. 깨어나는 것은 얼마나 기쁜 일인가! 마음챙김 속에서 사는 것은 의식의 깨어남을 의미한다. 아침에 일어날 때, 가끔 나는 두려움과 의혹과 수치심으로 가득 차고 고통에 사로잡힌다. 하지만 그 순간 나는 이 수치심도 마음챙김의 종소리로 느낀다. 나는 숨을 들이쉬고 내쉰다. 그리고 나는 이런 감정에 접촉해서 그것과 새로운 관계를 맺고서, 내 삶에서 다른 선택을 할 수 있게 된 것에 감사한다. 망각 속에 살 때는 나에게 선택의 여지가 없었다. 조건화된 습관이 나를 지배하고 있었다.

불교의 가르침은 이런 망각의 상태를 지옥의 한 형태로 묘사한다. 그 지옥은 불기둥을 껴안는 지옥이다. 불교의 한 경전에 묘사된 것처럼, 이 지옥에 빠진 사람은 기둥을 보고 욕망의 대상으로 착각한다. 사람들이 기둥을 껴안기 위해 달려갈 때, 기둥은 뜨겁게 달아오르고 그들을 태워 죽인다. 그들은 영리한 산들바람에 의해 되살아나서, 이 과정을 또 되풀이한다. 불교 전통에서 지옥은 우리가 죽어서 가는 장소만은 아니다. 지옥은 우리가 살아 있는 동안에 언제라도 빠질 수 있는 의식의 한 상태로 간주된다.

망각 속에서 살 때 우리는 쉽게 그런 지옥에 빠질 수 있다. 우리는 서로 다른 삶의 상황에 따라 그 기둥을 제각기 다른 방식으로 볼 것이다. 하지만 망각의 덫에 빠져 있는 우리는 욕망의 대상(불타는 기둥)과 조건화(영리한 산들바람)에 집착하지 않을 수 없고, 끝없는 고통의 굴레에 빠져서 그 행동을 계속 반복한다. 이런 과정에서 우리는 자신의 고통과 망각으로 아이들까지 물들인다. 내 삶이 말해주듯이, 보이지 않는 고통은 '세대를 넘어' 퍼진다. 그리고 이런 악순환은 태어나서 죽고 다시 태어나는 과정 속에서 계속 되풀이된다.

우선, 우리를 고통에 빠뜨리는 원인과 조건들을 알아야 한다. '원인과 조건'은 우리의 삶을 형성하는 경험을 의미하고, 그런 경험은 어떤 식으로든 우리의 행동에서 드러난다. 나의 경우에 고통의 씨앗은 어린 시절과 전쟁 경험 속에 내재한다. 내 삶의 원인과 조건들에 의해서, 고통은 내 행동에서 많은 방식으로 나타난다. 구체적인 예를 하나 들어보겠다.

나는 밤에 잠을 자기가 아주 어렵다. 전쟁 초기의 어떤 경험 이후로 잠을 이룰 수가 없었다. 어느 날 밤, 우리는 잠을 자기 위해 한 장소에 헬기를 착륙시켰다. 그런데 늦은 밤인가 이른 아침에 베트콩이 아군 보호구역의 경계선에 침입했다. 약 135명의 미군 중에서 15~20명만이 무사히 살아남았다. 나는 운 좋게도 그중의 한 사람이었다.

밤새 치열한 백병전이 벌어졌다. 내 손으로 사람을 죽여야 했다. 전투가 잠잠해질 때면 부상당하고 죽어가는 사람들의 비명이 들려왔다. 나는 누구를 쏘는지도 모르며 총을 쏘아야 했다. 적과 아군을 분간할 수 없었다. 그것은 정말 광기가 난무하는 난장판의 아찔한 경험이었다. 거기서 살아남은 후, 나는 밤에 잠들지 않기로 결심했다. 밤도 안전하지 않았기 때문이다. 그 이후로 밤은 나에게 안전하게 느껴지지 않았고, 나는 다른 사람에게 내 안전을 맡길 수가 없었다. 나는 의식적으로 다른 사람을 믿지 않기로 결심했다. 경계선이 뚫리고 침범당한 이유는 보초를 선 사람들이 졸았기 때문이라는 이야기를 나중에 들었다.

전쟁터에서 집으로 돌아온 후, 그리고 아주 오랜 세월이 흐른 지금까지도 나는 밤이 무섭다. 무섭지 않을 때도 여전히 심란하다. 밤이 다가올 때, 나는 엄청난 불안감을 느낀다. 잠을 자야 하는데 잠이 오지 않기 때문이다. 밤이 올 때, 아직도 전쟁터의 소리가 들리고 정신이 번쩍 든다. 오랫동안 나는 잠을 자기 위해 약물을 복용했다. 내가 약물을 복용한 것은 불안감을 포함해서 나 자신의 전부를 받아들일 수 없었기 때문이다. 다시 말해 나는 현재의 순간에 살 수 없었다. 대신 나는 계속 섭리를 거역하려고 했다. 나는 약물을 복용하고 술을 마시고 담배를 피우는 행위를 선택하는 주체가 내 삶의 고통이 아니라 바로 나라고 믿었다. 나는 나 자신이 선택을 하고 있다는 환상 속에서 살았다.

내가 마음챙김 속에 살지 않고 고통의 씨앗과 내 삶의 원인과 조건들을 의식하지 못한다면, 그것들이 나를 지배한다. 나는 내가 선택하고 있다고 생각할 수 있지만, 사실 내 선택은 내 고통에 의해서 지시받는다. 내 고통은 나로 하여금 원하지 않는 방식으로 행동하게 한다. 내 고통은 내가 사귀고 싶지 않은 사람들과 사귀게 하고 내가 원하지 않는 행동을 하게 하면서도, 항상 내가 그런 선택을 하고 있다고 말한다.

결국 불면증에 저항하는 한 내 삶은 고통스러웠다. 하지만 마음챙김 수행과 강렬하게 현재에 살려는 의지를 통해서 하나의 전환점이 생겼다. 나는 내가 잠잘 수 없다는 사실을 그냥 받아들였다. 받아들이는 순간 이전에 좀처럼 경험해 보지 못한 평화를 느꼈다. 그것은 평화롭지 못함과의 화해였다.

마음챙김 수행을 시작할 때 사람들이 자주 범하는 오류 중 하나는 그 수행에 대해 잘못된 관념을 가지는 것이다. 사람들은 마음챙김의 상태가 두려움이 없고, 항상 고요하고, 평화로운 상태를 의미한다고 생각한다. 그것은 마음챙김 속에서 사는 것이 아니다. 마음챙김과 정신적 고요는 관련이 있지만 같은 것은 아니다. 내 경우에 마음챙김의 삶을 산다는 것은 비평화 속에서 평화롭게 살 수 있고, 고요하지 못한 상태 그대로를 받아들일 수 있음을 뜻한다. 우리네 삶에는 고요한 순간도 있고 고요하지 못한 순간도 있다. 내가 마음챙김 속에 산다면, 그런 순간들이 촉촉한 열대 비나 허리케인처럼 오고 가는 것을 받아들일 수 있다. 그런 순간들이 지금 현존할 때, 마음챙김 속에서 나는 그것들의 아름다움을 바라본다. 나는 그 순간들이 지나갈 것이고 또다시 올 수 있다는 사실을 알면서, 그것들이 나에게 주는 것을 축하할 수 있다. 마음챙김 속에 산다면, 내가 나 자신의 본질을 깊이 들여다보고 내 고통을 어루만질 수 있다면, 나는 나의 두려움과 의심과 근심과 혼란과 화와 더불어 살 수 있다. 플럼빌리지에 처음 방문했을 때 짠 콩 스님이 나에게 말씀하신 것처럼, 나는 고요한 물처럼 그런 느낌들과 함께 살아야 한다.

내가 계속 마음챙김을 가지고 살 수 있다면 고요한 물처럼 되는 기회가 생기겠지만, 아직 그 정도는 아니다. 지금도 화가 나거나 사회의 폭력에 흥분하여 반응하는 경우가 많다. 아직도 나에겐 그런 씨앗들이 많다. 하지만 나는 나 자신에게 너무 가혹해지지 않는 법을 배웠다. 호흡으로 돌아올 수 있기 때문이다. 이전처럼 계속 나 자신을 파괴하지 않아도 된다.

조금 더 일찍 당신을 만났더라면 •

마음챙김 속에 살지 않는다면, 삶의 원인과 조건들에 지배되는 망각의 삶을 살고 있는 것이다. 이런 식으로 우리는 계속 고통에 빠져들게 되고, 갈수록 더 많은 고통을 만들어내게 되리라는 것은 불보듯 뻔한 사실이다. 나의 진실한 바람은 더 많은 고통을 만들어내는 것이 아니라, 고통이 변화될 수 있도록 고통의 본질을 깨닫는 것이다.

내 안에, 그리고 세상에는 너무도 많은 목소리가 있다. 그 목소리는 나로 하여금 고통에 직면하지 못하게 하려고 애쓴다. 마음챙김의 종소리를 듣고 호흡으로 돌아올 때, 그런 목소리들은 조금 약해진다. 종소리는 그 목소리들을 가라앉힌다. 그러면 고통은 자신을 드러낼 수 있게 된다. 나는 내 고통을 어루만지고, 그 속에서 헤엄칠 수 있다. 이제 나는 더 이상 고통을 피하거나 그 속에 빠져 허우적거리고 싶어 하지 않는다.

치유는 고통의 부재가 아니다

몇 년 전, 나는 베트남에서 한 달을 보냈다. 그 이전에 나는 아우슈비츠에서 시작되는 순례여행을 떠났고, 아우슈비츠에서 조동종 전통의 수계를 받았다. 떠나기 전에 사람들은 나에게 말했다.

"왜 베트남으로 돌아가려 합니까? 무엇 때문에 해묵은 상처를 들추어내려고 합니까?" 그리고 "과거는 과거일 뿐입니다." 하고 덧붙였다. 내가 그 말을 믿었던 시기도 있었다. 나는 내 아픔이 사라지기를 바랐다. 마치 과거에 존재하지도 않았던 것처럼 흔적도 없이 사라지기를 원했다. 아픔과 고통이 없는 상태를 치유라고 생각했다. 하지만 마음챙김의 삶을 살면서 나는 치유의 참 의미를 알게 되었다. 내 고통과 함께 사는 법을 알게 되었다.

마음챙김 속에 살 때, 나는 판단하지 않으며 내 고통의 본래 모습을 만나고 껴안을 수 있다. 내 감정들은 옳지도 그르지도 않고, 좋지도 나쁘지도 않다. 그것들은 그저 있는 그대로다. 판단하지 않을 때 내 삶에는 훨씬 더 많은 자유가 있다. 사회는 나로 하여금 내 고통을 판단하라고, 어떤 감정이 떠오를 때는 뭔가를 잘못하고 있다고 느끼도록 조건화했다. 전쟁 중에는 전투에 참가하지 않는 팔자 좋은 동료들에 대해, 전쟁 후에는 민간인에 대해 엄청난 분노를 느꼈을 때, 나는 "어떻게 내가 이런 감정을 느낄 수 있지?" 하고 의아해 했다. 사람들은, 과거는 잊고 미래를 생각하라고 말했다. 하지만 나는 그럴 수 없었고, 그렇게 하지도 않았다.

조건화된 습관의 산물인 내 판단은 나를 망각 속에 빠뜨렸고 자각에서 멀어지게 했다. 내 판단은 계속 나를 고통 속에 묶어두었고, 동시에 고통 받고 있지 않다는 망상에 빠뜨렸다. 하지만 마음챙김 속에 살면 나는 판단 없이 내면의 삶에 참여할 수 있다.

마음챙김 속에 살 때 나에겐 참된 선택과 자유가 있다. 나를 지도하고 이끌어주는 희미하지만 굳센 목소리를 들을 수가 있다. 그 부드러운 지혜의 목소리는 "클로드 안쉰, 그건 좋은 생각이 아니야. 하지 않는 게 좋아."라거나, "클로드 안쉰, 그건 멋진 생각이야. 한 번 해봐." 하고 속삭인다. 내가 더욱더 마음챙김 속에 머물며 숨을 들이쉬고 내쉴 때, 삶은 나에게 가야할 길을 더 많이 일러준다. 그러기 위해서 나는 항상 깨어 있어야 한다. 항상 내 행위들의 본질을 깊이 들여다보아야 한다.

마음챙김 속에 살면서 동시에 삶을 파괴할 순 없다. 전쟁터에서 사람을 죽였을 때 나는 망각에 지배당했었다. 나는 적이 내 고통의 원인이라고 확신했다. 하지만 적은 내 고통의 원인이 아니었다. 내 고통은 나의 것일 뿐이다.

베트남에서 돌아온 뒤 어느 때인가 나는 길거리에서 살고 있었다. 나는 노숙자였고 다시 한 번 망각에 빠져들었다. 당신이 내 근처를 지나갔더라면 아마도 나를 걷어찼을 것이다. 분명 나를 거들떠보고 싶지도 않았을 것이다. 아무도 그런 절망을 보고 싶어 하지 않는다. 왜냐하면 사람들은 나를 볼 때, 자신 속에 존재한다고 믿고 싶지 않은 자신의 일면을 보기 때문이다.

이 사회에서 우리는 자신이 서로 다르다고 생각하도록 조건화되어 있다. 우리는 자신이 노숙자, 마약중독자, 살인자, 어린이 성추행자와 다르다고 생각하지만, 우린 그들과 다르지 않다. 우리가 지금 그런 상황에 있지 않다고 해서, 그들과 다른 것은 아니다. 자신을 깊이 들여다보지 않고 망각 속에 산다면, 우리도 역시 자기도 모르게 노숙자나 이혼자나 강간범이나 치한이 될 수 있다. 고통이 눈 깜짝할 사이에 우리를 그런 곳으로 데려가서 우리가 어떻게 거기 왔는지, 심지어는 우리가 거기 있다는 사실조차도 인식하지 못할 수 있다. 그리고 더 큰 문제는 우리가 고통에 지배되고 있고 고통의 덫에 빠져 있으면서도 그렇지 않다고 생각하는 것이다. 우리는 깨어 있다고 생각한다. 이것이 미망의 힘이고, 망각의 주범이다.

사실 나와 타인은 분리되어 있지 않다. 마음챙김은 분리된 '나'라는 생각 너머로 우리를 인도하고, 다른 사람이라 생각하는 타자와 우리가 분리되어 있지 않다는 사실을 명확히 인식하게 해준다. 우리는 다르지 않다. 나는 당신이 아니지만 당신과 나는 다르지 않다. 다음번에 거리에서 노숙자와 마주칠 때면 그를 바라보고 그에게 손을 내밀어 보라. 그들을 마음챙김의 종소리로 생각하고, 당신과 다르지 않음을 깨달으라. 그와 내가 다르지 않다는 것을 알 때, 죄책감과 수치심을 느끼며 얼굴을 돌릴 필요가 없다. 그러면 고통 받는 한 사람의 인간을 보게 될 것이며 판단과 거부가 아니라 자비심과 수용의 자리에서 그 사람을 도울지 말지를 선택할 수 있게 될 것이다.

절망은 당신을 지배하지 못한다

마음챙김 속에 산다면, 더 이상 고통의 꾐에 휘둘리지 않고 절망의 지배를 받지 않는 때가 올 것이다. 그때 모든 경험은 명상의 행위가 되기 때문이다. 삶은 더 명료해지고 더 유연해지고 더 단순해진다. 그렇다고 해서 반드시 삶이 더 편해지는 것은 아니다. 붓다께서 말씀하셨듯이 삶은 고통이다. 마음챙김을 수행한다고 해서 고통이 사라지는 것은 아니다. 하지만 고통에 대응하는 우리의 생각과 느낌과 행동은 변할 것이다.

삶의 모든 행위가 명상의 행위, 자비심에 이르는 길이 될 수 있다. 물을 마시고, 친구와 이야기하고, 나무를 바라보고, 지나가는 트럭의 소리를 듣고, 코를 풀고, 기침하고, 화장실에 가는 그 모든 행위가.

마음챙김을 하며 산다고 해서 명상을 그만둘 이유는 없다. 내 삶에 마음챙김의 상태를 심화하기 위해서, 매일 조용한 장소를 찾아 방석이나 의자나 바위에 앉아서 명상하는 것은 역시 중요하다. 어떤 장소라도 무방하다. 내 방이나, 기차나, 비행기나, 공원에 앉아 우리는 명상할 수 있다. 자신을 위해서 이런 공간을 만드는 것은 아주 중요하다. 이런 고요의 순간은 나를 인도하는 내면의 목소리에 귀 기울일 수 있게 해준다(앉아서 명상하는 방법은 부록에 제시되어 있다). 내가 마음챙김 속에 오래 머물면 머물수록, 내면의 목소리는 수시로 나에게 말을 걸어오게 된다. 그 목소리는 누군가가 내 머릿속에서 말하는 것이 아니다. 그 목소리는 내 행동이 올바르다는 느낌이거나, 어떨 때는 그냥 가만히 있으라는 권유와 같다.

나 자신의 명상 경험으로 보면 호흡으로 의식을 되돌려 다소 고요해질 때 내가 주의를 기울이는 것들은 스스로 바로잡힌다. 예컨대 앉아서 명상하고 있는 동안 마음이 산란하다면 내 몸이 거북한 자세를 취하고 있기 때문일 수 있다. 마음챙김의 종소리가 울리고 상황이 파악되면 나는 현재의 순간으로 돌아와서 내 몸을 더 안정적인 자세로 바꾼다. 또는 생각에 빠져 있는 경우, 나는 그 상황을 깨닫고 내 마음을 지켜본다. 그러면 생각은 더 고요해지고 하늘의 구름처럼 흘러간다.

호흡을 하거나 명상을 하기 위해서 꼭 방에 앉아 있을 필요는 없다. 아흔 살까지 방석 위에 앉아 있다 하더라도 깊이 마음챙김을 하지 않는다면 명상을 하고 있는 것이 아니다. 마음챙김은 불교학이나 어떤 명상법을 공부하는 것이 아니다. 마음챙김은 존재의 방식이고, 삶의 방식이다. 마음챙김 속에 살면 삶의 모든 행위가 명상적인 것이 된다.

그래서 나는 당신이 마음챙김의 삶을 수행하기를 바란다. 호흡하고 있는 것을 의식하고, 당신의 이성적 자아, 느낌의 자아, 감각적 자아를 의식하라. 냄새 맡고, 맛보고, 바라보고, 듣고, 접촉하는 것을 의식하라. 심지어 이 순간에 피부에 닿는 옷의 감촉까지 의식하라. 당신 자신의 느낌과 주위에서 일어나고 있는 모든 것을 깊이 의식하라. 현재 이 순간에 그것을 느끼고 경험하라. 이것이 삶의 참모습이고, 당신 삶의 참모습이다.

신호등이든 전화벨이든 노숙자든, 마음챙김의 종소리가 울릴 때마다 숨을 들이쉬고 내쉬며 현재의 순간을 온전히 맞아들이라. 현재가 우리에게 주는 것은 모두가 멋진 것이기 때문이다.

사람을 죽이지 않았으면 좋았겠지만 나는 사람을 죽였다. 그것을 부인하는 것은 나 자신과 내 행위의 실상을 거부하는 것이다. 현재에 사는 마음챙김 수행을 통해서, 나는 나의 모든 자아를 내 삶 속으로 맞아들일 수 있다. 서로 다른 나 자신의 모든 부분을 하나의 전체로 아우를 수 있다. 그렇다, 나는 야구를 하는 어린아이이며 사람을 죽이는 병사다. 그렇다, 나는 헤로인을 복용하는 마약중독자이며 멋진 아들의 아버지다. 나는 이 모든 것이며, 어떤 것도 외면할 필요가 없다. 지금 이 순간 속으로 나 자신의 이 모든 요소를 기꺼이 받아들일 때, 나는 내 삶에 더욱 온전히 참여할 수 있다.

우리는 모두가 돌멩이와 같다. 누군가 우리를 연못에 집어던 진다면 파문이 연못을 가득 채울 것이다. 마음챙김 없이 망각 속에서 산다면 고통이 연못을 가득 채울 것이다. 하지만 마음 챙김 속에서 산다면 치유가 연못을 가득 채울 것이다.

4.

다리를 폭파했다면
다시 지어라

AT HELL'S GATE

다리를 폭파했다면 다시 지어라

베트남전에 참전했던 나는 그 엄청난 파괴와 죽음에 책임이 있다. 수련회에서 처음으로 틱낫한 스님의 말씀을 들었을 때, 나는 스님을 통해서 베트남인들에게 사죄하고 싶었다. 그 모든 살인에 대해서 어떤 식으로든 보상하고 싶었다. 하지만 나는 어떻게 시작해야 할지를 몰랐다. 마침내 누군가에게 물어볼 용기를 냈을 때, 나는 틱낫한 스님을 돕는 분인 짠 콩 스님에게 가서 질문했다.

"베트남에서 제가 개입했던 파괴 행위에 대해서 어떻게 속죄하면 되겠습니까?"

스님은 나에게 말씀하셨다.

"집을 파괴했다면 집을 짓고, 다리를 폭파했다면 다리를 지으세요."

나는 스님에게 다시 물었다.

"하지만 사람을 죽였다면 어떻게 그 행위를 바로잡을 수 있을까요?"

스님은 나에게는 그 행위에 대한 책임이 없다고 말씀하셨다. 하지만 나는 내 질문이 스님이 답해 주실 수 없는 질문이라는 것을 깨달았다. 여기서부터 나는 스스로 길을 모색해야 했다.

군인이었던 나는 적을 죽이라고 훈련받았다. 결국 그것이 군사훈련의 목적이었다. 나는 평화로 가는 길은 살인을 통해서라고 생각하도록 조건화되었다. 나와 다르고 내 믿음을 위협하는 것은 모두 나의 적이라고 배웠다. 삶의 유일한 목적은 승리이고, 승리는 적의 파멸과 패배를 통해서 얻어진다고 배웠다.

이전에 설명했듯이, 나는 나 자신의 감정을 차단하고 억압하도록 훈련받았다. 바로 그 훈련이 인간의 가장 핵심적인 생명의 힘으로부터 나를 분리시켰고, 살인을 가능하게 했다. 말하자면 자신을 특정한 방식으로 보도록 교육받은 것이다. 곧, 자신을 그 어떤 것과도 관계없는 분리된 자아로, 모든 것의 지배자로 보도록 배운 것이다.

하지만 불교든 기독교든 이슬람교든 유대교든, 내가 아는 모든 영적 전통에서는 삶 전체가 서로 연결되어 있고, 서로 의존하고 있으며, 성스러운 것이다. 붓다의 가르침은 우리가 서로 깊

조금 더 일찍 당신을 만났더라면 ·

이 연결되어 있다는 사실, 즉 상호연결성(interconnectedness)을 강조한다. 그렇다. 사실 나는 지금 글을 쓰고 있는 이 종이와 분리되어 있지 않다. 내가 이 종이와 분리되어 있지 않은 것도 사실이지만 내가 이 종이가 아닌 것도 의심할 여지없는 사실이다. 당신은 "무슨 허튼소리를 하는 건가? 이 친구 드디어 돌았구면." 하고 생각할 수도 있다. 하지만 내가 말한 이유를 설명해 보겠다.

한 장의 종이에는 종이를 구성하는 많은 요소가 있다. 우리는 종이가 나무로 만들어진다는 사실을 알고 있다. 하지만 나무는 어디에서 생기는가? 나무는 땅에서 생기고 햇빛과 비를 맞으며 자란다. 이 사실에 유념해 보면, 종이에는 땅과 하늘과 비와 바람과 흙 속의 무기물이 있음을 알 수 있다. 또한 내 말을 옮기게 해줌으로써 이 종이는 자애심이라는 선물도 베푼다. 이 모든 요소는 내 안에도 역시 존재한다. 인간의 몸은 60~70퍼센트가 물이다. 흙에서 발견되는 미량의 모든 원소와 많은 무기물은 또한 우리 몸에서도 발견되고, 그것들은 건강한 생명을 유지하는 데 필수적이다. 심지어는 하늘도, 생명을 지탱해 주는 공기로서 우리 안에 존재한다.

그러므로 우주와 나는 진실로 분리되어 있지 않다. 우주는 내 안에 있다. 온 우주가 바로 지금 여기에 존재한다. 내가 현재 특별히 관심을 기울이는 것이 불교이므로 불교 수행의 관점에서 말하고 있지만, 이름에 관계없이 모든 영적 수행의 핵심은 존재하는 모든 것의 상호연결성을 우리에게 일깨워준다. 내가 하는 모든 일은 내 주변 세상에 영향을 미친다. 사실 내 행동은 전 우주에 영향을 미친다. 내가 이 종이 한 장을 함부로 대하거나 남용한다면, 그것은 곧 나 자신을 학대하고 남용하는 것이고 여러분을 학대하고 남용하는 것이다.

불교의 첫 번째 계율은 살생하지 말라는 것이다. 생명의 파괴로 인한 고통을 잘 알기 때문에 나는 스스로 살생하지 않고 사람들에게 살생을 부추기지 않기로 다짐한다. 내 삶에서 어떠한 살생의 행위도 묵과하지 않기로 다짐한다. 이 계율을 지키기로 다짐함으로써 나는 살생을 일으킬 수 있는 모든 행위에 눈을 뜬다. 물 한 잔을 마실 때, 나는 살생하고 있음을 깨닫는다. 당신은 "그게 어떻게 살생인가요?" 하고 물을 수도 있다. 물에는 미생물이 있다. 그러므로 내가 물을 마실 때는 미생물을 죽이고 있는 것이다. 하지만 당신은 "그건 별거 아닌 미생물일 뿐이잖아요. 어떻게 미생물과 인간 생명을 비교할 수 있어요?" 하고 반문할 것이다. 나는 그런 논법을 귀가 따갑게 들었다. 이렇게 대답하고 싶다. 나 자신을 그런 미생물과 분리된 것으로 보는 순간, 하나의 계급 제도가 만들어지기 시작한다. 그렇다면 베트남에서의 내 행동도 합리화된다. 그 차이는 오십보백보다.

나는 내 생명을 유지하기 위해 물을 마셔야 한다. 그러면 어떻게 할 것인가? 그런 경우에 나의 수행은 내가 물과 미생물과 분리되어 있지 않다는 사실을 받아들이고, 물을 마실 때 이 행동의 결과에 대해 의식적인 자각을 가지고 물을 마시는 것이다. 그래서 나는 그에 합당한 존중심을 가지고 한 모금씩 물을 마신다. 나는 물 마시는 행위를 하나의 영적인 수행, 즉 의식과 자각의 행위로 변형시킨다. 물을 마시지 않는 것도 역시 살인을 저지르는 행동이다. 나 자신을 죽이는 행위이기 때문이다.

조금 전에 군사 대학에서 강의를 하는 데이브 그로스만 중령의 책 『살인에 대하여』를 읽었다. 이 책에서 그는 살인의 심리를 탐구하며, 군대에서 총과 비행기와 폭탄을 없앤다면 살인은 줄어들 것이라고 말한다. 그런 무기가 없다면 우리는 서로 가까이 다가가서 상대방을 직접 죽일 수밖에 없는데 대부분의 사람들은 그러기를 원치 않기 때문이다. 상대방을 보거나 접촉하지 않는다면, 자신의 행동에 책임이 없다고 생각하기가 더 쉽다. 하지만 사실 멀리 떨어져 있다 해도 우리는 여전히 책임이 있다. 그리고 나는 여전히 책임이 있다.

미국 정부가 개입한 10년간의 베트남 전쟁에서, 대략 58,000명의 미군이 죽었다. 그리고 1991년에서 1999년까지 이 나라에선 총기 사고로 해마다 29,000~39,500명의 사람이 죽었다. 그렇다면 어림잡아 9년 동안 260,000명 이상의 사람이 이 나라에서 폭력으로 죽은 것이다. 그 숫자는 베트남전에서 죽은 미군의 네 배가 넘는다. 어떤 이름으로 부르든 이것은 명백히 하나의 전쟁이다. 그렇다. 바로 여기 미국 땅에서 벌어지는 엄청난 전쟁이 있다. 그러므로 나는 내 책임에 눈을 돌려야 한다.

나는 총기사고로 사망한 한 사람 한 사람에게 책임이 있다. 당신은 내가 왜 책임을 느끼는지 의아하게 여길 수도 있다. 내가 그런 현실에 입을 다물고 적극적으로 다른 방식의 삶을 선택하지 않고 무지와 망각 속에 산다면 나는 세상에서 벌어지는 온갖 폭력에 대한 책임에서 자유롭지 못하다. 나는 폭력을 속속들이 경험했고 알기 때문에 사람들에게 이러한 상황을 더욱더 일깨워주는 것은 나의 책임이다. 그것이 나의 영적 과업이다.

나는 이 나라 안에서 벌어지는 총기사고는 물론 세상에서 벌어지는 어떤 전쟁도 내 손으로 멈출 수 없다는 사실을 안다. 하지만 내가 그 모든 전쟁에 책임이 있다는 사실을 깨닫고 내 안에서 일어나고 있는 전쟁을 의식할 수 있다면, 나는 내면의 전쟁을 치유함으로써 그 싸움을 종식시킬 수 있다. 그러한 일은 내가 내 고통의 참 모습과 내 삶의 원인과 조건들에 눈을 떠서 다른 식으로 행동하기 시작할 때 일어난다.

만물이 서로 연결되어 있다는 사실을 깨달을 때, 나는 내가 그 무엇과도 분리되어 있지 않다는, 이성을 초월한 이해에 다다를 수 있다. 그때 나는 내가, 그리고 내 행동이 온 세상에 영향을 미친다는 사실을 알게 된다.

프랑스에 있는 불교사원인 플럼빌리지에서 살고 공부하면서, 나는 나 자신에게 한 가지 질문을 거듭 던졌다. 그것은 부정적인 인과관계를 어떻게 긍정적인 것으로 변화시키는가 하는 인과(karma)의 문제였다. 그것은 속죄의 문제이다. 내가 앗아간 목숨에 대해 나는 무엇을 할 수 있는가? 나는 그들을 되살릴 수 없다. 하지만 나는 스스로 깨어남으로써 고통을 영속시키지 않고 의식적으로 다른 방식으로 살아감으로써 과거의 행동을 바로잡을 수 있다는 사실을 불교수행을 통해서 깨달았다. 나는 우주가 '눈에는 눈, 이에는 이'처럼 단순한 보복적 산술로 움직이지 않는다는 것을 믿게 되었다. 고통과 아픔의 강물을 덜어내면 우리는 생명을 구할 수도 있고 심지어는 새로운 생명을 창조할 수도 있다.

나는 다른 방식으로 행동해야 한다. 새로운 방식의 생각으로 새로운 방식의 삶을 살아야 한다. 내가 찾은 답은 봉사의 삶을 살고, 긍정적이고 유용한 결과를 가져오는 행동을 하려고 노력하는 것이었다. 나의 봉사는 다른 사람을 돕는 방향으로 나아갔다. 사람들이 나를 도와주지 않았다면 나는 여기 있지 못했을 것이다. 그래서 나의 속죄는 의식적인 자각을 가지고 살며 우리 내면의 전쟁을 치유하는 불교의 가르침을 사람들에게 전하는 것이었다. 이것이 세상의 폭력을 줄이기 위해 내가 선택한 길이다. 내가 직접 가담했던 그 폭력을 줄이기 위해서 말이다.

승려가 되다

앞에서 언급했듯이 자주 플럼빌리지를 방문하던 어느 날(나는 그 3년 동안, 거의 대부분의 시간을 그곳에서 살며 공부했다), **틱낫한** 스님은 나에게 그곳의 전통에 따라 승려가 되기를 권유했다. 나는 그 제안을 거절했다. 은둔적인 승려의 삶을 살고 싶지 않았기 때문이다. 내가 그 결정을 내렸을 때, 슬프게도 나에 대한 스님의 유대 관계와 믿음에 눈에 띄는 변화가 생겼다. 그동안 내가 받아온 지원이 갑자기 끊어졌다. 그래서 나는 플럼빌리지를 떠나 미국으로 돌아왔다.

거기서 나는 미국의 조동종 스승인 버니 글래스먼 스님을 소개받았다. 처음 만난 뒤 나는 스님에게 연락해서 스님의 일에 관해 개인적으로 만나서 이야기하고 싶다고 말씀드렸다. 버니 스님은 평화를 일구고 선 수행에 종사하는 사회활동가들의 국제적 공동체와 함께 일하고 있었다.

2~3주 정도 지나서 나는 스님이 사시는 뉴욕의 용커스로 갔다. 우리는 함께 앉아서 15분쯤 명상했다. 명상을 마쳤을 때 스님은 말씀을 시작하셨다.

"자네가 수계를 받았으면 하네."

물론 마음속 깊은 곳에서는 이 절차를 밟고 싶었지만 나는 이렇게 대꾸했다.

"왜 저를 출가시키려고 하십니까? 스님의 목적은 무엇입니까? 사실 스님은 저에 대해서 모르지 않습니까?"

내 우려를 표명했을 때, 스님은 말씀하셨다.

"난 자네를 잘 아네."

버니 스님의 제안을 받아들이는 것이 내가 세상과 격리되어 사원에서 산다는 것을 의미하지는 않았다. 그래서 결국 나는 "네, 좋습니다. 어떻게 하면 되죠?" 하고 물었다.

몇 가지 의식이 있었고 그것은 차례로 치러졌다. 먼저 나는 수계를 받았다. 수계식에서 나는 열여섯 가지 계율을 지키기로 서약했다. 그 계율은 이러하다.

삼취정계: 악을 끊어라. 선을 행하라. 중생을 이롭게 하라.

삼귀의계: 불佛·법法·승僧 삼보三寶에 귀의하라.

십중금계: 살생하지 말라(nonkilling), 도둑질하지 말라 (nonstealing)*, 탐하지 말라, 거짓말하지 말라, 어리석지 말라,** 다른 사람의 죄와 허물을 말하지 말라, 자신을 칭찬하고 남을

---

* 여기서는 not killing과 not stealing 대신 nonkilling과 nonstealing이 쓰였다. 그러한 행위들을 삼가는 것은 단지 규율이나 금지의 의미보다는 하나의 영적 수행으로 간주될 수 있기 때문이다. – 원주

** 십중금계의 다섯 번째는 원래 술의 매매를 하지 않는 것이다. 미국 조동종에서는 통찰력을 기른다는 형이상학적인 의미로 사용하는 것 같다.

비방하지 말라, 재산과 가르침을 베푸는 것을 아깝게 여기지 말라, 성내지 말라, 불·법·승 삼보를 비방하지 말라.

그 후 나는 비구로 임명되었다. 의식이 진행되는 동안 승려의 가사와 발우를 받았다. 발우는 행각 중에 구걸하거나 사원에서 음식을 먹기 위해 사용된다. 그리고 나는 머리를 깎았다. 후에 나는 가르칠 자격을 부여받은 법사 스님으로, 그다음에는 덴카이(denkai, senior monk)로 임명되었다. 덴카이란 지위는 사람들을 수계에서부터 덴카이가 되기까지 인도할 수 있는 권한이다. 또한 나는 '평화 만들기 선禪협회'의 평생회원으로 입회했다.

처음 수계를 받기로 했을 때, 나는 아우슈비츠 수용소에서 출발하여 동유럽과 아시아를 거쳐 베트남까지 대부분 도보로 여행하는 평화순례에 참가할 작정이었다. 이 순례여행에서 우리는 폴란드, 오스트리아, 크로아티아, 헝가리, 세르비아, 루마니아, 불가리아, 그리스, 웨스트 뱅크*, 가자, 이스라엘, 요르단, 이라크, 인도, 말레이시아, 타이, 캄보디아를 거쳐 베트남까지 갔다. 정확히 말하면 나는 베트남까지, 다른 사람들은 일본의 히로시마까지 계속 걸어갔다. 나는 최소한의 소유물만 지니고

*　웨스트 뱅크: 요르단 강 서안西岸 지구. 1967년 6일전쟁(the Six-Day War)에서 이스라엘이 점령한 구舊 요르단령領.

　　　　　　　　　　　　조금 더 일찍 당신을 만났더라면　·

행각하는 아시아의 탁발승처럼 이 순례여행을 떠났다. 나의 목적은 전쟁과 폭력의 주요 현장을 내 눈으로 똑똑히 보고, 마음챙김을 가지고 정직하게 그것과 대면하고, 순례 도중에 만나는 사람들과 나의 전쟁 경험을 나누는 것이었다.

여행 중에 우리는 차단된 국경선이나 정부의 불허로 더 이상 걸어갈 수 없을 때도 있었다. 이런 경우 나는 대개 구걸해서 배나 버스나 비행기의 승차권을 구입하거나 자동차를 구할 비용을 조달했다. 그 모든 여정에는 8개월이 걸렸다.

애초의 의도와는 달리 그 순례는 사뭇 개인적인 경험이 되었다. 순례를 통한 수행으로 나는 내 안에 있는 전쟁과 나 자신의 고통들을 거듭 직면하게 되었다. 영적 수행의 도구, 즉 내가 받은 승려의 계율을 통해 나는 그러한 현실에 직면해서 다른 방식으로 살 수 있는 토대를 가지게 되었음을 깨달았다. 계율을 지키겠다는 다짐은 나의 격앙된 감정을 갈무리해주는 그릇으로 작용했다.

버니 글래스먼 스님은 아우슈비츠로 오셨고, 내 수계식은 그곳의 화장터에서 치러졌다. 그때가 1994년 11월 말이나 12월 초쯤 되었을 것이다. 거기서 나는 베트남을 향한 순례를 떠났다. 원래의 계획은 버니 스님을 베트남에서 다시 만나서 비구(승려)로 임명받는 것이었는데 상황이 바뀌어서 그렇게 되지 않았다. 버니 스님의 스승이신 타이잔 매주미 로쉬께서 1995년 4

월에 돌아가셨기 때문이다. 그래서 나는 순례여행을 마친 후 미국으로 돌아와서 히로시마에 원폭이 투하된 날인 1995년 8월 6일에 용커스에서 한 사람의 비구로 임명되었다.

비구가 되는 과정을 통해 나는 더욱 든든한 기반을 갖게 되었음을 깨달았다. 승려로서 산다는 것은 내게 일종의 가시적인 신뢰성을 부여해 주었다. 나는 나를 통해서 이루어지는 가르침을 상징했다. 나는 이 과정을 받아들인다는 것은 실로 의식적이고 책임있는 삶의 길에 투신하겠다는 굳은 다짐이라고 여겼기 때문에 이 과정은 내게 크나큰 변화였다.

승려가 되는 절차의 일부는 머리를 자르는 것이다. 처음에 이 일은 나에게 걸림돌처럼 느껴졌다. 나는 내 긴 금발을 사랑했고, 삭발을 굴욕이라고 생각했다. 마음속의 저항감은 있었지만 여차하면 내뺄 생각을 하고 삭발식을 하기로 결심했다. 그러나 나는 결국 달아나지 않았다. 나는 삭발이 희생도 아니고 굴욕도 아님을 깨달았다. 삭발식은 새로운 방식으로 살겠다는 아주 진지한 서약이었다. 나는 삶에서 도피하기 위해서가 아니라 삶을 찬양하기 위해서 승려가 되기로 결심했다. 그래서 사원이 아니라 이 세상에서, 더 의식적이고 더 가시적으로 살기로 선택했다. 나는 과거의 방식대로 살지 않고, 소유물을 축적하지 않고, 떠돌아다니는 행각승이 되기로 서약했다.

결과적으로 나는 1년 중에 260~265일은 세상을 여행하고,

조금 더 일찍 당신을 만났더라면   •

매년 일정 기간 순례여행을 하고, 공부하고, 명상을 가르쳐 달라는 초대를 받아들이고, 또한 거리에서 집 없이 살기도 한다. 명상을 가르칠 때는 음식이나 잠자리나 교통수단 이외에는 어떤 보상도 받지 않는다. 매년 가끔은 미국의 선원으로 돌아가지만, 나는 이 선원의 소유자가 아니며 그곳에 영구히 머무르지도 않는다. 선원은 내 행각의 결과로 진행되는 일을 지원하기 위해 설립된 재단의 소유물이다.

여행 중에 나는 다른 많은 영적 공동체를 접촉하여 한 자리에서 만나자고 청한다. 모든 영적 전통은 우리가 서로 다르지 않고, 연결되어 있고, 함께 할 때 힘이 생기기 때문이다. 힘은 남을 정복하기 위한 무기(arms)가 아니라, 평화를 위해 함께 일하고 서로 어루만지고 위로하기 위한 팔(arms)이다.

나는 평신도 공동체든 수도원 공동체든 서로 만나자고 요청한다. 내가 승려라고 해서 당신과 다른 것은 아니기 때문이다. 그건 단지 내가 하나의 길을 선택했다는 의미밖에 없다. 우리는 서로 많은 것을 배울 수 있다. 힘 있고 조화로운 사회를 이루기 위해 우리가 모두 같은 식으로 일할 필요는 없다. 마음챙김 속에서 각자의 삶을 사는 일만이 필요할 뿐이다.

마음챙김 속에서 살겠다는 내 결심을 지키기 위한 많은 길 중 하나는, 어떤 형태로든 전쟁의 경험으로 고통 받는 이들과 대화하는 것이다. 그들이 발칸반도에 있든, 거리에서 살든, 가정의 전쟁에 있든 상관없다. 나는 그들이 만물은 모두가 서로 연결되어 있다는 사실을 깨우치도록 돕고 싶다.

생명의 은인이 된 적

(수계받기 전) 1993년 11월, 스스로 평화의 일꾼이라 부르는 사람들이 나에게 발칸반도로 가자고 제안했다. 우리가 처음 방문한 곳 중 하나는 교전중인 모스타르* 시였다. 모스타르는 하나의 강으로 나누어지고 산으로 둘러싸여 있었다. 모스타르 서부지역 사람들은 동부지역 사람들에게 총을 쏘고 있었고, 동부 사람은 서부 사람에게 총을 쏘고 있었고, 산 위에 있는 사람들은 양편 모두에 총을 쏘고 있었다. 강의 양쪽 도로는 마치 사격장을 방불케 했고, 날마다 상대에게 박격포를 쏘아대고 있었다. 양편에는 미친 듯이 사람들을 쏘아 죽이는 저격수도 있었다. 길을 건너는 사람은 누구나 표적이 되었다.

　모스타르에 처음 도착했을 때, 사람들이 마치 미국의 그로브시티나 캔자스시티에 있는 것처럼 태연히 걸어 다니는 모습이 눈에 띄었다. 겉으로 보기에 그들은 곳곳에서 벌어지는 전쟁에

＊　모스타르: 보스니아헤르체고비나의 남부, 헤르체고비나 지방에 있는 도시

조금 더 일찍 당신을 만났더라면 ·

무관심한 것처럼 보였다. 그 광경을 목격하자 울음이 터져 나오기 시작했다. 나는 이런 무관심의 상태를 너무도 잘 알고 있었기 때문이다. 또한 나는 이런 무관심이 생겨나게 된 해묵은 원인도 알고 있었다.

모스타르(그 후엔 수도인 사라예보에서)의 양측 전선과 병원에서 나는 군인들과 함께 전쟁과 평화에 대해 이야기했다. 함께 여행했던 평화의 일꾼들은 서로 다른 나라에서 모인 사람들이었고, 진심으로 평화를 촉진하고자 했다. 하지만 이 활동가들은 모스타르인들에게 "우리가 무엇을 도울 수 있을까요?" 하고 묻지 않았다. 그들은 평화에 대한 그들만의 계획과 생각을 가지고 왔고, 그 입장에서 자신의 관념을 강요하려고 했다. 그러나 이것은 평화활동이 아니라 평화를 빙자한 제국주의다. 내 경험으로 볼 때 이것은 또 다른 형태의 전쟁이다.

나는 그 활동가들이 정말 평화를 원했고 거기에 자신의 일생을 바쳤다는 것을 알고 있다. 하지만 그들은 평화가 무엇인지 모르면서 그들만의 추상적 관념만 가지고 있었고, 평화를 위한 어떤 구체적인 방법도 없었다. 그들은 마음챙김 속에서 호흡하는 법도 몰랐다. 아무도 그들에게 자신의 고통을 들여다보기를 가르쳐준 적이 없었다. 그래서 그들의 평화활동은 오히려 그들이 가지고 있는 고통의 연장선이 되어버렸다.

나에겐 이 교전 지역에서 사람들과 솔직하고 진실하게 이야기하는 것 뿐, 이 전쟁이나 다른 전쟁을 멈추기 위해서 내가 할 수 있는 일이 없다는 사실을 깨닫는 것이 중요했다. 나는 오직 내 안에 있는 전쟁을 멈추거나, 다른 사람들이 자신을 들여다보도록 도울 수 있을 뿐이다.

어느 날 우리는 모스타르 서부지역에 위치한 한 병원에 도착했다. 평화주의자 그룹은 영어를 할 줄 아는 한 부상병을 발견했다. 그들은 정신없이 마이크를 들이댔고 비디오카메라로 촬영을 했다. 마침내 나와 그 병사 단 둘만이 남게 되었다. 나는 그에게 이 전쟁에 대한 실제 경험을 말해달라고 부탁했다. 처음에 그는 일종의 방어 전략으로서 상대편의 잔악성에 대해서만 이야기했다. 나는 좀 더 솔직하고 개인적인 이야기를 해달라고 부탁하면서 베트남에서의 내 체험담을 말해주었다. 나는 전쟁의 상처와 불면증에 대해서 말했다. 그리고 내가 어떻게 해서 전쟁에 참전했는지, 집으로 돌아온 후에 사회가 나를 어떻게 외면했는지를 이야기해주었다. 나는 살육에 대해서, 베트남 전쟁 동안 내 안에서 자라난 무감각에 대해서, 내 느낌을 숨기기 위해서 시작된 감정의 마비에 대해서 말했다.

다음날 그를 보기 위해 다시 병원에 갔다. 나는 그의 침상 곁으로 다가갔다. 우리의 눈이 서로 마주쳤을 때, 그는 함박웃음을 지었다. 내가 다시 찾아오자 놀랐던 것이다. 그의 눈에 눈물이 맺히기 시작했다. 하지만 자신이 감정을 드러내고 있음을 깨닫고는 얼른 본래 모습으로 돌아갔다.

그날 우리는 그의 부상에 대해서 이야기했다. 그는 왼쪽 팔꿈치에 총을 맞았고, 나는 어떻게 그렇게 되었는지를 물어보았다. 동부지역의 포로로 잡혀 있는 동안, 그는 강제노역으로 참호를 파야 했다. 그런데 서부지역에 있는, 즉 자신이 속한 부대의 저격수가 참호를 파고 있는 그에게 총을 쏘았다. 달려온 의사들이 팔꿈치 부근을 절단해야 한다고 말했다. 나는 그 병사에게 그런데 어떻게 지금은 팔이 거의 멀쩡한 채 서부지역의 병원에 있게 됐느냐고 물어보았다. 그의 이야기를 들어보니, 동부지역 의사들은 자기들이 치료를 감당할 수 없다고 판단해서 그를 서부지역으로 돌려보내기로 결정했다는 것이다. 그의 적이었던 동부지역 의사들이 그의 팔과 생명을 구해준 것이다.

우리는 발칸 반도의 전쟁에 대해서 좀 더 이야기했다. 그가 동부지역의 "짐승과 악마"라는 말을 꺼냈을 때, 나는 그의 팔을 만지며 물었다.

"그럼 이 팔은 어떻게 설명할 겁니까?"

잠시 후 그는 말했다.

"그래요, 아마 모두 짐승은 아니겠지요. 그들이 날 구했고 내 팔을 고쳐 주었으니까요."

다음날 그는 폭력과 전쟁의 실상에 대해서 이야기했다. 나는 그에게 물었다.

"헌데 이 전쟁은 어떻게 설명할 겁니까? 어디를 가서 누구와 이야기하든, 모두가 이 전쟁을 원치 않는다고 말합니다."

그는 대답했다.

"이 전쟁은 우리의 전쟁이 아니라, 우리 할아버지대의 전쟁입니다. 무기를 들고 싸워야 하는 건 그들입니다."

그는 계속해서 말했다.

"이것은 정치가들의 전쟁입니다. 그들이 최전선에 나가서 싸워야 합니다."

베트남 참전 중에 나도 똑같은 느낌이 들었었다. 그것은 나의 전쟁이 아니었다.

나중에 그는 내가 미국으로 돌아왔을 때 사람들이 어떻게 하더냐고 물었다. 나는 대답했다.

"그들은 나를 거부했어요. 내가 주위에 있는 걸 원치 않았어요. 나란 존재가 그들에게 베트남전에 대한 책임을 떠올리게 했기 때문이죠."

그는 공감했다.

"여기도 별반 차이가 없어요. 최전선에 있을 땐, 모든 사람이 좋아하고 집과 음식과 돈을 줍니다. 하지만 더 이상 쓸모가 없어지면 찾지 않습니다."

"그럼 당신이 싸우는 이유는 무엇입니까?"

"제가 싸우지 않는다면 저쪽 짐승들이 필시 우릴 죽일 겁니다. 그놈들이 쳐들어와 우리를 모두 죽일 겁니다."

뒤이어 나는 다시 물었다.

"그럼 그 의사들은 왜 당신 팔을 고쳐 주었을까요?"

그는 나를 물끄러미 쳐다보기만 했다. 나는 전쟁의 씨앗을 뿌린 거짓말의 한 껍질을 우리가 함께 벗겨냈음을 느꼈다.

승자와 패자는 같은 상처를 지니고 있다

나는 한 친구를 만나러 12월에 발칸반도를 떠나 함부르크로 갔고, 축제 시즌 내내 거기서 머물렀다. 발칸의 전쟁은 아직도 내 마음속에 생생했고, 나는 다시 전투의 기억에 빠져서 헤어 나올 수 없었다. 나는 초긴장 상태였고, 편안하지 못했고, 안절부절 못했고, 혼란스러운 생각들이 몰려왔다. 함부르크에선 수많은 폭죽이 터지며 크리스마스와 신년 축제가 열리고 있었다. 폭죽이 터질 때마다 나에겐 저격수의 총탄 소리가 들렸다.

마음이 심란해서 산책하던 어느 날 밤, 나는 함부르크의 어느 건물을 바라보고 있었다. 그것은 마치 발칸반도의 파괴된 건물처럼, 제2차 세계대전 말엽에 폭파된 황량한 모습 그대로였다. 그 순간 내가 상상할 수 있었던 건 독일과 유럽에서의 제

2차 세계대전의 광경뿐이었다. 비행기가 날아오고, 폭탄이 투하되고, 아이들이 울부짖고, 사람들이 죽어가는 소리와 항공 공습경보와 소방차의 사이렌 소리가 들렸다. 나는 그것을 냄새 맡고, 만지고, 맛볼 수 있었다. 주차된 두 대의 차 사이에 있는 경계석에 주저앉아 나는 흐느껴 울기 시작했다.

의식적이든 무의식적이든 평생 독일인은 나의 적이었다. 내 적이었기 때문에 나는 독일인을 인간으로서 접촉하거나 인정할 수 없었다. 나는 그들이 엄청난 고통을 겪었다는 사실을 느끼거나 인정할 수 없었다. 하지만 그 순간에는 독일에서의 전쟁의 고통을 느낄 수 있었다. 나는 독일인들과의 연결감을 느꼈고, 나라는 인간과도 더 깊은 연결감을 느꼈다. 나는 그들과 분리되어 있지 않았고, 그들은 더 이상 나의 적이 아니었다.

승자든 패자든 똑같은 상처를 지니고 있다. 그 후 나는 다시 베트남으로 돌아왔고, 베트콩과 북베트남을 위해서 싸운 사람들의 고통에 귀 기울였다. 그곳의 한 병원에서 부상당한 베트남 참전자들과 이야기를 나누었다. 미국 참전자들과 마찬가지로 그들도 한 직장에 오래 다닐 수 없었고, 인간관계를 유지할 수 없었고, 약물의존이나 자살률이 높았다.

태국에서 나는 50대나 60대로 보이는 불교승려와 이야기했다. 그는 베트남 전쟁 중에 라오스에서 싸웠다. 우리는 스님 자신과 군에서 복무한 스님 친구들의 경험에 대해 이야기했다. 스님이 들려준 이야기는 나의 경험과 그다지 차이가 없었다. 베트남이든 태국이든 미국이든, 전쟁과 폭력은 거의 비슷한 방식으로 모든 사람에게 영향을 미친다.

페르시아의 걸프전 참전자들은 축하와 환영을 받았고, 그들을 위한 시가행진도 있었다. 하지만 많은 사람이 걸프전 증후군이라는 병으로 고통 받고 있을 때, 참전자를 돌봐주어야 할 이 나라와 정부기관들은 결국 다시 한 번 등을 돌렸다. 정부는 말했다.

"글쎄, 우리는 모르겠는걸. 우리에게는 아무 잘못도 없어."

또다시 사회는 문제를 부인했다. 그들은 전쟁의 결과에 대한 공동의 책임을 회피했다. 모든 전쟁의 참전자들은 이러한 부인으로 인해 고통 받고 있다.

전쟁은 정당화될 수 있는가?

나는 폭력은 결코 해결책이 될 수 없다는 입장을 가지고 있다. 이런 견해에 도달하게 된 것은 나 자신의 경험과 우리의 공통된 역사와 인과법칙을 통해서다. 모든 작용은 그에 상응하는 반작용을 가져온다. 이것은 물리학의 기본 법칙이다. 반작용이 언제 일어날지, 그리고 어떻게 나타나고 어느 정도로 나타날지를 정확히 예측할 순 없지만 우리는 폭력이 더 많은 폭력을 낳는다는 사실을 알고 있다. 나는 나 자신의 경험으로 그것을 잘 알고 있다. 또한 역사를 봐도 확실히 알 수 있다. 투쟁과 더 많은 폭력을 종식하려면 전쟁은 불가피한 도구라는 정당화 덕분에 끝없이 전쟁과 폭력이 반복되어 왔음을 우리는 알고 있다. 하지만 전쟁은 결코 정당성을 가지고 있지 않다.

나는 강연하고 가르치는 자리에서 폭력은 결코 해결책이 아니라는 견해를 피력할 때마다 '히틀러 문제'와 관련된 많은 질문을 받는다. 내가 이름붙인 '히틀러 문제'에는 다음과 같은 종류의 질문들이 포함된다.

"한 사람을 죽여서 백 명을 구할 수 있다면 그 사람을 죽이지 않겠는가?"

"누군가 당신 집에 침입해서 가족을 몰살하려 할 때도 폭력을 사용하지 않겠는가?"

"히틀러에 대항한 공격이 없었다면 그 결과는 어땠을까?"

물론 이런 질문은 타당하지만, 사실 근본적으로는 과장된 질문이다. 내가 이런 상황에 처한다면 나 역시 어떻게 행동할지는 예측할 수가 없다. 하지만 성공한 듯 보이는 제2차 세계대전으로 인해 세상은 정말 더 안전하게 되었는가? 폭력과 공격을 사용해서 힘을 쟁취하려고 열망하는 사람들이 마침내 사라졌는가? 물론 그렇지 않다. 제2차 세계대전의 폭력적 개입이 대참사를 막은 것은 사실이지만, 나에게는 여전히 풀리지 않는 의문이 있다. 정말로 그런 개입은 대참사나 대학살을 종식시켰는가?

사람들은 더 많은 살인을 중단시키기 위해 어쩔 수 없이 살인이 필요한 상황이 존재한다고 여전히 믿고 있다.

나는 이런 논법이 얼마나 위험한지를 사람들이 알았으면 한다. 바로 이런 논법이 선제공격을 정당화하고, 지구를 백 번 이상 파괴할 수 있는 핵무기를 비축하고, 사형제도를 지지하기 위해 이용되었다. 그 논법은 유럽에서 파시스트와 나치스가 그들의 음모를 정당화하기 위해 사용했으며, 현재도 이라크와 아프가니스탄 점령의 근거로 사용되고 있다. 자세히 보면 이런 논법은 거의 모든 것을 정당화하는 데 이용될 수 있다.

나는 폭력은 인류 문제에 대한 해결책이 아니며, 참된 해결책은 비폭력의 윤리와 가치에 있다고 확고히 믿는다. 하지만 비폭력이 수동성이나 무관심과 혼동되어서는 안 된다. 정반대인 공격성과 마찬가지로 수동성도 두려움의 지배를 받는 행동일 뿐이다. 비폭력을 실천하려면 조건화된 우리의 본성에 대한 철저한 혁신이 필요하다. 비폭력을 실천하려면 전혀 다른 방식으로 살아야 하며 엄청난 용기와 희생이 필요하다.

결국 모든 책임과 행동은 개인에서 시작된다. 그러므로 우리가 시작해야 하는 곳도 바로 이 개인이다. 쉽게 말하자면 비폭력이란 폭력적이고 공격적으로 행동할 수 있는 능력이 있지만 의식적으로 그러지 않기로 선택하는 것이다. 비폭력이란 갈등을 쉽게 해결하기 위해 적극적이든 수동적이든 계속 폭력을 사용하게끔 하는 우리의 조건화와 무력감에 굴복하지 않는 것이다. 비폭력은 분쟁의 와중에서 어떤 공격성도 없이 진리와 자비심을 강력히 옹호하는 것이다.

전쟁의 잔학성 속에서 훈련되고 길든 한 사람의 군인으로서, 직접적이고 간단명료하게 전쟁과 폭력에 대해서 말하고 글을 쓰기는 정말 힘들다. 많은 사람들이 인간의 엄연한 본성에 비추어볼 때 전쟁은 불가피하다는 비관적이고 숙명론적인 견해를 가지고 있다. 하지만 나의 확고한 신념과 명확한 견해를 말하자면, 갈등은 불가피하지만 갈등이 학살이나 폭력으로 악화되거나, 비겁하게 진리를 포기하게 되는 일은 막을 수 있다.

우리에겐 지루함을 모면하거나 하나의 민족으로서 의미나 정의를 부여하기 위한 전쟁이 필요치 않다. 산업화된 살육으로 우리를 몰아대는 것은 우리 인간의 본성이 아니라 우리의 치유되지 않은 고통이다. 이런 살육은 단지 두려움에 뿌리를 둔 철학의 결과일 뿐이다. 두려움에 기초한 철학은 불가능한 것을 쟁취함으로써 안전을 추구하도록 우리를 조종한다. 그 불가능이란 주위에 있는 모든 것과 모든 사람을 조종하려고 하는 것이다.

크리스 헤지즈의 『전쟁은 우리에게 의미를 부여하는 힘이다』

라는 책에 아주 자세히 설명된 것처럼, 전쟁은 신화이며 마약이다. 그 신화는 마약을 팔기 위해 꾸며진 이야기다. 그것은 나 자신의 경험으로 증명할 수 있다. 우리는 중독 때문에 거짓말을 하며 주위의 모든 것과 모든 사람을 조종하려고 한다. 우리는 이런 거짓말을 너무 자주 하다가 결국은 진리로 믿기 시작한다. 끊임없이 우리를 조이는 이런 치명적인 악순환에서 벗어나서 치유되고 변화되는 것은 가능한 일이다. 그 가능성을 믿지 않는다면 우리는 우리 자신과 다른 사람에 대한 존중과 자비심을 가지고 고귀하게 살 가능성을 스스로 가로막는 것이다.

나는 우리가 다른 방식으로 살 수 있으며 비관론자들이 설파하는 재앙을 통하지 않고도 전쟁과 고통이 변화될 수 있다는 사실을 널리 퍼뜨리고 싶다. 우리 이전에도 많은 사람이 어떠한 희생도 없이 내가 말하는 이런 자각에 도달했다. 전쟁의 해결책이 있다는 것을 삶을 통해서 보여줘야 할 책임은 치유와 변화를 경험하고 깨어난 사람들에게 있다.

베트남에서 나에게 일어난 일은 특별한 것이 아니다. 다른 많은 전쟁의 참전자들도 내가 말하고 있는 것을 인정할 것이다. 또 비록 전쟁에 참여한 적은 없지만 가정폭력이나 폭력적인 문화로부터 피해를 입은 사람들도 내 말을 인정할 것이다. 세부적인 내용이나 사건들은 서로 다를 수 있지만 내 이야기에는 많은 사람이 공감할 수 있는 뭔가가 있을 것이다. 그로 말미암아 우리가 함께 대화할 수 있는 하나의 창이 열린다.

그러므로 나는 나만의 이야기가 아니라 우리 모두의 이야기를 하고 있는 것이다. 나는 전쟁과 폭력으로 고통 받는 수백 세대와 수백만 사람들의 이야기를 대신 전하고 있다. 이야기에서 중요한 것은 낱낱의 사건이 아니라 이야기 그 자체다. 내 이야기를 할 때마다 나는 나에게 일어난 일을 깨닫게 될 뿐 아니라, 상호 의존과 연결성, 틱낫한 스님이 말씀하시는 '상호적 존재(interbeing)'의 실상에 더욱 공감하게 된다.

나는 어떤 사건들이 나에게 일어났고, 그러한 사건이 분명히 나에게 심리적으로, 육체적으로 영향을 끼친 것을 알고 있다. 그 영향 때문에 나는 자유롭지 못하게, 내 고통이 지시하는 대로 살고 있다. 그러므로 삶에서 내게 어떤 선택이나 자유가 있으려면 그런 경험들의 실상에 눈을 떠야 한다. 그런 경험들이 내 삶에 어떻게 영향을 미치고 있으며 내가 어떻게 그 경험들을 행동화하고 있고, '나'라는 사람을 통해서 그 경험들이 어떻게 현실에 반영되는지에 눈을 떠야 하며 그다음 그 모든 것에 대해 나의 책임을 인정해야 한다. 자신의 삶의 실상을 더 자각할수록 나는 다른 사람을 비난하지 않게 된다.

사실 이것은 자신만의 여정이므로 아주 고독하게 느껴질 수도 있지만 반드시 서로 고립된 채 외롭게 갈 필요는 없다고 본다. 각자의 이야기를 서로 나눔으로써 공동체를 만들 수도 있다. 정말 다른 방식의 삶을 살기로 한 사람들의 사랑이 넘치는 공동체 말이다. 비슷한 생각을 하는 사람들의 공동체(불교 용어로는 승가)는 깨어나는 과정에서 서로를 돕고 지지하고 용기를 북돋아 줄 수 있다. 이런 관계는 다양한 방식으로 나타날 수 있다. 때로 우리는 같이 앉아 있는 것만으로도 서로를 도울 수 있고, 어떨 때는 손을 잡고 관심을 기울이거나, 혹은 이야기를 통해서 서로를 도울 수도 있다. 또한 스스로 하나의 본보기가 됨으로써 상대방에게 힘이 되어줄 수도 있고, 평화에 의거한 행동을 취함으로써 공동체를 도울 수도 있다.

서로 만나서 이런 관계를 맺고 경험을 나눌 때, 꼭 좋은 이야기만 할 필요는 없다. 어떻게 느끼고 있고 무엇을 경험하고 있는지, 진실을 이야기하는 게 중요하다. 이 과정에선 고통을 '조종하거나', '지배하겠다는' 생각은 버리는 게 좋다. 우리는 고통을 함께 나누고 경험해야 한다. 홀로 있을 때보다 함께할 때 우리는 훨씬 더 강해진다.

우리 함께 공동체를, 승가를 이루자. 서로 도우며 슬픔과 상실과 절망을 함께 나누자. 혼자보다 두 사람이 함께 할 때 고통이 덜어진다면 많은 사람이 함께 하면 어떻겠는가? 우리는 모두가 서로 연결되어 있다. 나는 당신과 다르지 않다. 당신이 아프면 나도 아프고, 당신이 나으면 나도 낫는다. 이런 식으로 우리는 다리를 짓고, 집을 짓고, 생명을 구제할 수 있다. 이런 과정을 통해서 우리는 기쁨을 경험하기 시작한다. 기쁨은 우리가 깨어나서 자아의 모든 부분과 조화롭게 살 때 생겨나는 것이다.

5.
그저 걷기

AT HELL'S GATE

그저 걷기

1994년 12월, 나는 폴란드 아우슈비츠에서 베트남으로 향하는 5천 마일의 순례여행을 떠났다. 이 여정에는 일행이 스물여섯 명밖에 없었을 때도 있었지만, 캄보디아를 지날 때는 무려 천여 명이나 함께했다. 우리는 21개국을 거치며 걸어갔다. 걸어간 모든 곳에는 과거나 현재의 전쟁과 고통이 숨어 있었다.

내가 걸어서 여행하기로 결심한 이유는 순례를 통한 수행에 마음이 끌렸기 때문이다. 내가 베트남으로 돌아가는 데는 이런 방식이 필요하다고 직감했다. 그리고 나는 더 많이 보고 듣고, 내 생각을 점검하고, 더 넓은 인간 세상과 접촉하고 싶었다. 걸으면서 또 내가 깨닫게 된 점은 이 순례를 통해서 나 자신의 고통과 대면할 수 있게 되었다는 것이다. 결국 나는 걷고 또 걸으면서 세상의 목격자가 되었다. 그것은 내가 평생회원으로 입회한 평화만들기 선禪 협회의 세 가지 핵심 교의* 중 하나다.

평화만들기 선협회는 버니 글래스먼과 몇몇 사람에 의해서 시작되었는데, 사회활동을 하는 선 수행자들이 자유롭게 서로 연결되도록 돕기 위해 생겨난 조직이다. 협회 회원들은 사회활동을 하는 사람들이 더 긴밀하게 교류할 수 있도록 서로 돕고 생각과 정보와 연락을 나눈다. 하지만 이 협회는 비교적 신생 단체이기 때문에, 협회 구조와 협회 자체에 대한 이해는 계속 발전할 것이다.

'평화와 생명을 위한 순례'로 불리는 이 여정은 나의 첫 번째 순례였다. 이 순례 후에도 나는 전쟁이 일어나는 곳을 자주 여행했다. 또 나는 종종 길거리에서 노숙자로 시간을 보내며 권리를 박탈당하고 소외된 이들의 상황이나 참담한 고통을 겪고 있는 사람들과 만난다. 노숙자들과 함께 거리에서 시간을 보내면서 나는 밑바닥 인생을 거듭 목격하고, 거기에서 고통과 전쟁과 폭력의 원인을 더욱 명확하게 본다. 그로 말미암아 우리의 고통에 의식의 빛을 비추어 본질을 올바로 보는 일이 절대적으

---

* 선禪 협회의 세 가지 핵심 교의는 첫째, 자신과 세상에 대해 고정관념을 가지지 않고 모르는 상태를 유지하고(not knowing), 둘째, 세상의 기쁨과 고통의 목격자가 되고, 셋째, 나 자신과 다른 사람을 치유하는 것이다. 이 세 가지는 악을 끊고, 선을 행하고, 중생을 이롭게 하는 삼취정계의 변형된 모습이다.

로 필요하다는 사실을 깨닫는다.

1995년 버니 글래스먼 스님에 의해서 승려로 임명받았을 때, 나는 탁발승이 되기로 서약했다. 탁발승은 소유물을 가지지 않고, 절에서 살지 않고, 집안에서 영구히 살지 않고, 돈을 버는 직업을 가지지 않는 사람을 의미한다. 그것은 영적인 수행으로 떠돌겠다는 다짐이다.

내가 탁발승이 되기로 결심한 중요한 이유는 가능한 한 붓다처럼 직접 삶을 마주하며 살고 싶었기 때문이다. 또한 미국 선원의 증가를 목격하면서 이 영적인 길의 옛 전통을 환기시키고 싶었고 내 다짐을 더 가시적인 모습으로 살아내고 싶었다.

떠돌아다니는 탁발승으로 살겠다는 결심은 나에게 그다지 큰 도약이 아니었다는 것을 말하고 싶다. 이런 삶의 방식은 베트남에서 돌아온 뒤 부닥치게 된 내 소외된 삶과 별반 다르지 않았다. 전쟁 후 나는 취직하거나 한 직장에 오래 다니기 어려웠다. 무일푼으로 여기저기를 떠돌아다녔고, 인간관계를 오래 지속할 수도 없었다. 내가 이미 선승으로서의 삶을 살았었다고 말하려는 게 아니다. 사실 전쟁 이후의 내 삶은 상호 연결성을 이해한 자발적인 삶이 아니라 원치 않게 세상으로부터 고립된 절망적인 삶이었다. 어쨌거나 탁발승 생활은 내 삶의 방식에서는 그다지 큰 변화가 아니었다.

물론 나는 더 많은 소비를 찬양하는 철학이 팽배한 21세기

소비주의 시대에 탁발승으로 살고 있다. 하지만 나는 그런 사고방식으로부터 생겨나는 파괴적인 결과를 끊임없이 목격하고 있다. 나는 한 사람의 탁발승으로 살면서 물질적 소유가 행복과 평화와 만족의 근원이 아니라는 불교의 진리를 증거하고 싶다.

동시에 나는 탁발승으로 살기로 한 맹세를 너무 교리적으로 경직되게 받아들이지 않는 게 중요하다는 사실을 깨닫게 되었다. 융통성 없는 해석은 더 충만한 삶을 살게 해주지 못한다.

사람들은 보통 순례란 성스러운 곳으로의 여행으로 생각하고 순례자는 헌신의 행위로 그런 여행을 하는 사람이라고 이해한다. 성지聖地는 외부에 있고 헌신은 어딘가로 가서 해야 한다는, 순례의 이러한 정의는 너무 표피적이다. 나는 불교공부를 통해 순례를 자신을 온전히 알기 위한 여행으로 이해하게 되었다. 성지는 자기 자신이지 외부에 있는 어떤 장소가 아니다. 시간이 흐르면서 성지란 그런 여행을 통해서 계발된 더 높은 수준의 의식이라고 이해하게 되었다. 순례수행에서 중요한 것은 어떤 장소 또는 목적지가 아니다. 순례수행은 여정에서 만나는 모든 것, 우리 자신을 더 깊고 자세히 알도록 돕고 고무하는 모든 것에 마음을 여는 것과 관련이 있다.

나는 비르케나우로 갔다. 비르케나우는 유럽 각지에서 유대인들을 실어 날랐던 열차의 가축 운반 칸에서 유대인과 기타

포로들이 버려졌던 종착지였다. 비르케나우 수용소는 강제노동과 처형을 위한, 거대한 복합건물인 아우슈비츠 수용소의 일부였다. 바로 그곳에서 누가 곧장 가스실로 들어가고, 결국에는 죽게 되겠지만 누가 강제노동을 하는가가 가려졌다. 나는 비르케나우 수용소에서 단식하고 경전을 암송하면서 '평화와 생명을 위한 순례여행'의 첫 나흘을 보냈다. 거기 앉아서 나는 불교의 핵심 경전인 〈법화경〉의 한 구절을 암송하며 이 장소와 그런 행위와 그 행위를 일으킨 상황에 치유와 의식의 빛이 내리기를 빌었다. 비르케나우에 있으면서 수용소의 정문과 막사와 철조망과 감시탑을 보았을 때 한 가지 내가 느낀 점은, 홀로코스트는 지금도 되풀이될 수 있다는 사실이었다. 대학살은 과거에 속한 것이 아니고, 지금도 존재하기 때문이다. 어떤 상황이 닥치면, 우리는 누구나 그런 무시무시하고 잔인한 행동을 할 수 있다. 그것은 분명한 사실이다. 나는 이 진실을 느끼고 받아들여야 하고, 대학살을 가능하게 하는 내 속의 그런 부분이 행위로 표출되지 않게 해야만 한다.

경전을 암송하고 단식하는 동안에 나는 포로들의 고통뿐만 아니라 비르케나우나 다른 수용소의 간수였던 모든 병사의 고통까지도 민감하게 의식했다. 나는 포로들의 고통뿐만 아니라 간수들의 고통에도 눈을 떠야 한다는 것을 깨달았다. 나는 내 안에 있는 간수를 보아야 한다. 만약 나 자신을 간수와 다르게 본다면 또 다른 비르케나우가 생길 것이다. 또한 유대인이나, 비르케나우에서 죽거나 감금된 사람들, 공산주의자, 노동 조합 주의자, 동성애자, 정치적 반대파 등, 국가 사회주의 독일 노동당(일명 나치스)에 위협이 되는 누군가와 나 자신을 다르게 본다면 또 하나의 비르케나우가 생길 것이다.

아우슈비츠의 처형장 벽을 보고 있었을 때 나에게 중요한 순간이 찾아왔다. 나는 걸어가서 그 벽을 마주한 다음 반대 방향으로 등을 돌렸다. 나 자신을 처형에 직면한 포로로 생각하며 잠시 거기 서 있었다. 그 다음 앞으로 걸어가 사형집행자의 자리에 서서 나 자신을 그 사람이라 생각했다. 사실 나는 그 둘 모두이기 때문이다. 전쟁에서 아군과 적군의 차이는 없다. 나치스와 유대인이 다르다는 것은 인정할 수 있지만 나는 또한 그들이 어떻게 다른지를 보아야 하고, 우리에게는 학살자도 피해자도 될 수 있는 가능성이 있다는 것도 보아야 한다.

어느 날 혼자서 아우슈비츠의 강변을 걷고 있었다. 나는 강가에 앉아 수용소 안에서 일어났던 일들을 생각하며 전쟁 중에 이 마을에서 산다는 것이 폴란드인에게는 어떤 의미였을지 자문해 보았다. 그들은 매일 아침 식사를 하고 일하러 갔다가 집에 돌아와 저녁을 먹으며 그런 상황에서도 여느 때와 다름없이 살았을 것이다. 하지만 그런 외면과 마비 상태에서 사는 삶은 분명 끔찍했으리라. 착취와 학대와 폭력에 대한 이런 무감각

상태가 오늘날 우리 사회에서도 계속되고 있듯이 그것은 나에게도 여전히 존재한다. 그곳이 르완다든 보스니아든 지구상의 다른 어떤 지역이든, 우리는 이런 고통에 눈을 감아서는 안 된다.

아우슈비츠에 있는 동안 한번은 전쟁이 끝났을 때 수용소장이 교수형을 당했던 장소에 가게 되었다. 그날 저녁 나는 유대인이 대다수인 일단의 사람들 앞에서 "우리가 유대인을 죽이든 수용소장을 죽이든 거기에 무슨 차이가 있을까요?" 하고 물음을 던졌다. 거기에는 아무런 차이도 없다. 어떤 경우든 간에 우리는 상대방과 우리 자신을 분리해서 하나의 생명을 죽이는 것이다. 아우슈비츠가 없는 세상을 만들고 싶다면 우리는 아우슈비츠를 만든 사람들과는 다른 식으로 행동해야 한다. 교수대 앞에 서 있는 순간 그 사실은 나에게 너무도 분명했다.

인간이라는 조건

이야기한 것처럼, 평화와 생명을 위한 순례여행은 8개월이 걸렸고 21개국이 포함되었다. 나는 인간이 처한 문제와 고통이 드러나는 방식이 나라마다 별로 다르지 않다는 것을 깨달았다. 우리는 나라가 다르면 서로 많은 차이가 난다고 생각한다. 하지만 우리는 모두 인간이라는 조건을 공유하고 있다. 이기심, 탐욕, 불행, 절망, 소외감은 거의 유사한 형태로 모든 나라에 존재하고, 사람들은 유사한 방식으로 그 문제를 처리하려고 애쓴다. 그들은 대부분 오락이라는 방식을 통해서 그것을 처리한다. 물질주의는 가장 큰 오락거리를 제공하고, 더 많이 가질수록 자신을 대면할 기회는 더 적어진다. 아주 사소한 소유물에도 우리는 얼마나 집착하고 있는가!

이 긴 여정을 통해 발견한 가장 뜻 깊은 사실 중 하나는 사람들이 더 풍요해질수록 덜 베푼다는 점이었다. 가진 것이 적을수록 사람들은 더 관대하다. 폴란드를 걸어갔을 때, 폴란드인들은 정말 우리를 환대했고 친절했다. 폴란드나 체코와 비교해볼 때 꽤 풍요로운 나라인 오스트리아에 가까워질수록, 환대는 줄어들기 시작했다. 캄보디아를 걸었을 때, 물질적으로 보면 동유럽보다 훨씬 더 적게 가졌지만 그들의 환대는 상상을 초월한 것이었다. 캄보디아 어디를 가든, 머물 곳이나 음식이나 물이 부족했던 적은 없었다.

우리는 걸어서 세르비아를 통과하고 싶었지만, 허가를 받은 사람들조차 24시간 만에 추방당했다. 미국인들은 세르비아인들을 나쁜 놈이라 부르지만, 객관적으로 보면 그들은 좋지도 나쁘지도 않다. 그들은 엄청난 고통에 빠져 있고 그 아픔을 어떻게 해야 할지 몰랐기 때문에, 아픔은 그렇게 터져 나온 것이다. 우리는 보스니아를 통과했다. 그런 다음 크로아티아의 스플리트에서 헤르체고비나의 모스타르까지 걸어가서, 거기서 6일간 머물렀다.

우리는 모스타르 동부지역에서 기도하고 단식하고 노래하며 하루를 보냈다. 많은 사람들이 우리와 합류했다. 그런데 몇 가지 작은 말썽이 있었다. 우리는 치유 의식을 위해 불상과 십자가 그리고 몇 가지 물건이 놓인 제단을 만들었다. 그런데 갑자기 그 지역 사람이 차를 몰고 왔고, 차에서 내려 제단을 향해 달려갔다. 그는 불상을 낚아채더니, 알라신보다 높은 것은 없다고 말하며 땅바닥에 내던졌다. 우리는 그에게 합장한 후 계속 노래하고 기도했다. 그가 떠난 후 불상을 깨끗이 닦아 다시 제단 위에 올려놓았다.

잠시 후 다른 사람이 도착했다. 그는 십자가를 집어서 땅바닥에 던졌다. 우리는 그에게 미소 지으며 합장한 후 계속 독경했다. 그 사람이 떠나고 나서 십자가를 닦아 제단 위에 올려놓았다. 10분 정도 지나자, 누군가가 코란을 들고 오더니 우리 제단 위에 올려놓았다. 그 후로는 아무 문제가 없었다. 그것은 우리에게 힘든 경험이었다. 도전적이고 가슴 아프고 놀라운 경험이었다. 하지만 불상과 십자가를 던진 이들이 그들의 고통을 표현할 수 있는 하나의 장소를 발견했다는 것은 중요한 일이었다. 실로 그들의 고통은 엄청나기 때문이다.

죽은 이들이 나를 승려로 만들었다

우리는 5월 말에 베트남에 도착했다. 전쟁 이후 처음으로 베트남에 돌아간 것이다. 이전에 군인으로서 처음 왔던 호찌민시 (구舊 사이공) 공항에 도착했을 때, 나는 그다지 변하지 않은 광경을 보았다. 아직도 여기저기에 무장군인과 장갑차가 있었다. 하지만 이제 미군은 없었고 베트남인만 있었다.

비행기에서 내렸을 때 나는 자문했다.

"내가 왜 여기 있지? 나 자신을 치유하기 위해 할 수 있는 것은 모두 했고, 내가 일으킨 파괴도 보상했지 않는가? 근데 내가 왜 여기 있는 거지?"

세관의 관료적인 검사는 지루하고 무뚝뚝했다. 베트남 세관원의 불친절과 냉담함을 느꼈을 때, 나는 또한 나 자신의 두려움을 경험했다. 그들로부터 나 자신을 보았기 때문이다. 나는 이런 냉담함과 무뚝뚝함의 의미를 알고 있다. 그것은 나 자신을 보호하기 위해서, 타인과 나 사이에 내가 세운 벽이다. 하지만 그것은 환상일 뿐이다.

빨간 별을 달고 기관총을 든 베트남 무장군인들의 얼굴을 정면으로 바라보았을 때, 나는 적의 모습을 보았다. 그리고 나는 그들이 나를 보았을 때도 역시 적을 보았을 것이라고 추측했다. 굳어지고, 공격적이고, 도발적으로 변하는 내 모습을 느낄 수 있었다. 나는 그들에게 도전하고, 그들의 관료주의에 이의를 제기하고, 내 고통을 표출하고 있었다. 그 순간 나는 망각 속에 살고 있었다. 하지만 나 자신의 행동은 마음챙김의 종소리가 되어, 내 주의를 호흡으로 데려다 주었다. 호흡으로 의식을 가져가자, 나는 서서히 현재 속으로 뿌리내리게 되었고 내 고통을 직접 접촉할 수 있었기에 고통은 더 이상 나를 지배하지 못했다. 나는 폭력과 공격성으로써 내 고통을 표현할 필요가 없었다.

호흡으로 돌아와서 베트남 병사들을 다시 바라보았을 때, 나는 투사된 나 자신의 모습을 발견했다. 나는 나 자신을 무감각하도록 훈련된 베트남 병사로 보았던 것이다. 승려가 된 후의 내 소임은 이런 식으로 억압된 사람들과 대화하고, 그들의 고통과 그들이 내 안에서 일깨워주는 고통을 느끼는 것이었다. 승려로서의 내 서약은 이 길을 가는 나에게 힘과 용기를 주었다.

베트남에 있는 동안, 남중국해 연안의 도시인 냐짱에 갔다. 냐짱은 전쟁과 관련된 결정이 내려지는 미군 군사기지였기 때문에, 직접적인 전투는 별로 없었다. 나는 거기 앉아서 명상하며 호흡을 주시했다. 또한 거기서 아귀와 산 자와 죽은 자와 떠도는 영혼을 초대해서 공양하는 불교 의식을 행했다.

어느 날 밤 해변을 따라 걷기 명상을 하며 숨을 들이쉬고 내쉬고 있던 중에 문득 분노가 올라왔다. 냐짱은 아름다운 곳이다. 거기에는 프랑스 식민지 양식의 우아한 건물과 하얗고 고운 모래해변, 야자나무가 있다. 물은 너무도 맑고 따뜻하고, 서 핑하기 좋은 파도가 넘실거린다. 나는 전쟁중에 냐짱에 있었던 병사들을 생각했다. 직접 전투를 한 적도 없고, 정글 속에 있어 본 적도 없고, 죽어가는 사람을 본 적도 없고, 누군가를 죽여야 할 필요도 없고, 항상 먹을 것이 풍부했던 병사들에 대해서 생 각했다. 분노가 치밀어 올랐다.

"그놈들도 자칭 베트남 참전용사라고 말하겠지. 실컷 휴가나 즐겼으면서 말이야!"

내가 느낀 감정은 아주 강렬했고, 오랫동안 봉인돼 있던 이 런 생각과 감정을 접하는 너무도 중요했다. 이런 강렬한 감정을 직접 대면하기 전에는, 그 감정은 치유될 가능성이 없다. 기꺼 이 그 감정을 보고 느끼고 수용하기 전까지, 봉인된 감정은 계 속 내 삶을 지배할 것이다. 전쟁터에서는 정글 속에 숨어 있는 것이 눈에 띄는 것보다도 더 위험했다. 우리의 감정도 그와 마 찬가지다. 우리가 자신의 감정을 인식하고 거기에 주의를 기울 일 때, 그 감정은 매복해 있다가 선한 의도와 자애심으로 행동 하려는 우리의 욕망을 습격하지 않는다. 그러나 그 모습을 숨 기고 있는 한, 우리의 의도와 행동은 결코 신뢰할 수가 없어진 다.

분노의 감정 외에도 나는 오랫동안, 살아남은 것에 대해 엄청 난 죄책감을 느꼈다. 그렇게 많은 사람들이 죽었는데 나는 왜 살아남았을까?

　마음챙김 수행을 통해서, 살아남은 죄책감은 대부분 강한 책임감으로 승화되고 있었다. 형식적으로 볼 때 나는 버니 글래스먼 스님에게서 계를 받았지만, 또한 죽은 자들에게서 수계한 것이라고 느꼈다. 나는 전쟁에서 죽은 모든 이에게 강한 책임감을 느낀다. 죽은 미국인 병사, 죽은 남베트남 병사, 죽은 모든 민간인, 죽은 베트콩 병사, 그리고 이런저런 전쟁에서 죽은 모든 사람에게 강한 책임감을 느낀다. 그들은 모두 내 안에 있기 때문이다. 강한 책임감을 느끼는 이유는 내가 그들의 죽음과 희생을 통해서 비로소 전쟁과 폭력이 결코 해결책이 아니라는 자각을 가지게 되었기 때문이다.

그저 걷기

　순례여행을 하고 있을 때, "당신은 왜 걷습니까? 그 목적이 뭡니까?" 하는 질문을 많이 받았다. 그럴 때마다 나는 "그저 걷기 위해서 걷습니다."라는 대답으로 응수했다. 하지만 사람들은 그 말을 잘 이해하지 못했다. 그건 불합리하고 아주 어리석게 보일 수도 있다. 하지만 내가 이해하는 바로는, 순례수행의 본질은 그저 걷기 위해서 걷는 것이다. 내게 어떤 계획이나 목적이 있다면, 미지의 삶은 나의 인도자가 될 수 없고 나는 진실로 현재에 있을 수 없다. 만약 내가 목적을 성취하는 데 정신이 팔려 있다면, 삶이 지금 나에게 주는 온갖 풍요로움과 부를 볼수 없다.

아우슈비츠에서 베트남으로의 순례에서 나는 평화를 행하고 평화가 되기 위해서 걸었지, 평화라는 목적을 위해서 걸은 것이 아니다. 만약 내게 평화에 대한 어떤 고정관념이 있었다면, 결코 그 여정에 참여하지 않았을 것이다. 평화는 하나의 관념이나, 정치적 운동이나, 이론이나 교리가 아니다. 평화는 삶의 방식이다. 마음챙김을 가지고 현재를 살고, 하나하나의 호흡을 즐기는 것이다. 평화는 하나의 과정이며, 매 순간 새롭고 신선하다.

걷는 동안 나는 사람들을 만나고 그들과 이야기한다. 내 이야기는 치유에 관한 것이고, 그 치유가 어떻게 자신으로부터 시작되는가에 대한 것이다. 자신이 치유될 때, 그 치유는 수면에 번져나가는 파문처럼 가족과 사회에 퍼지기 시작한다. 나 자신이 이런 영향을 직접 실천해야 했다. 이 순례의 물결은 곧 다른 물결을 일으킬 것이다.

선禪 순례여행-미국

폴란드에서 베트남으로의 여정이 끝난 후, 나는 아프리카를 걷고 싶었다. 이 여행에 대해 말하려 했을 때, 불현듯 강한 생각이 떠올랐다. 나는 한 번도 미국을 걸은 적이 없었던 것이다. 내 나라를 걸을 필요가 있었다. 미국으로 돌아온 후 언젠가 버니 글래스먼 스님에게 그런 말을 꺼낸 적이 있었다.

"정말로 할지 말지는 모르겠지만, 미국 횡단도 고려하고 있습니다."

그렇게 말한 이후에, 우린 그 일에 대해서 더 이상 이야기하지 않았다. 그런데 3주 후 스님을 보러 왔을 때, 선원의 몇몇 승려가 나를 맞으며 말했다.

"안쉰 스님은 멋진 일을 하고 계세요. 정말 놀라워요."

"뭐라고요? 뭘 말씀하시는 거죠?"

"미국 순례여행 말입니다."

난 단지 그 여행에 대해서 생각만 했는데 버니 스님은 실제로 내가 간다고 말한 모양이었다. 그 이야기를 듣고 나는 화가 났다. 아직 마음의 결정도 내리지 않았기 때문이다. 하지만 화를 내는 대신, 나에게 필요한 것은 그런 자극이란 것을 곧 깨닫게 되었다. 그래서 나는 계획을 실행하기로 결심했다. 나는 바로 배낭을 메고 미국의 한가운데를 가로질러 걷기 시작했다.

우리는 1998년 3월 1일에 뉴욕 주 용커스에서 출발하여, 1998년 7월 28일에 캘리포니아 주 올버니에 도착했다. 우리는 처음에 용커스와 브롱크스를 지나 9번가 브로드웨이에서 남쪽으로 걸은 다음, 맨해튼을 가로질렀다. 178번가에서 일련의 계단을 오른 다음, 조지 워싱턴 다리를 가로질러 서쪽을 향해 나아갔다. 용커스에서 178번가까지는 많은 동행자가 있었다. 그리고 워싱턴 다리를 건널 때까지만 해도 동행이 꽤 있었다. 하지만 다리의 중간쯤 왔을 때는 단 일곱 명만 남았다. 일곱 명은 캘리포니아까지 걷기로 했지만, 결국 끝까지 여행을 마친 것은 네 명이었다. 토바이어스, 비브케, 함자, 그리고 나. 토바이어스는 독일의 사진작가이고, 비브케는 독일의 선 수행자다. 그들은 둘 다 전 코스를 답파하기로 약속했다. 함자는 맨해튼 거리에 사는 노숙자인데, 용커스에 있는 선원과 인연을 맺고 있었다.

　　우리는 미국의 중앙과 시골 마을들을 가로질러 갔다. 뉴저지주의 해케츠타운과 일리노이 주의 피오리아 사이에서 우리가 들렀던 많은 마을에는 약 80명에서 많게는 3천 명의 주민이 살고 있었다. 3천 명의 주민이 있는 한 마을에 도착했을 때 그 마을은 아주 커 보였다. 우리는 하루에 약 24킬로미터에서 48킬로미터 정도를 걸었다. 콜로라도의 볼더까지는 돈도 지원 차량도 없었고, 배낭에 모든 것을 넣고 다녔다. 다만 볼더부터는 사막을 가로질러 갔기 때문에 식수 운반트럭 한 대가 필요했다. 그 외에는 비가 오나, 눈이 오나, 얼어붙을 것 같은 추위나, 찌는 듯한 더위 속에서도 걸었다.

여행 초기에 지났던 동부 주들(뉴저지 주, 펜실베니아 주, 오하이오 주)에서는, 미국 중심부보다 더 자주 경찰의 검문이 있었다. 오하이오 주에서는 시도 때도 없이 멈춰야 했다. 사람들은 경찰에 전화해서 "여보세요, 길을 걷는 사람들이 있어요." 하고 신고했다. 이런 일이 의심을 불러일으키다니 우습게 들리겠지만, 미국에서는 사람들이 별로 걷지 않는다. 우리는 총 150일을 걸었다. 처음부터 우리는 어떤 계획도 없었다. 길을 나설 때마다, 그날의 끝에 무엇이 우리를 기다리고 있을지를 알지 못했다.

이런 도보를 국토횡단 탁발·기도 순례라고 부를 수도 있겠다. 조동종에서는 이런 수행을 탁발이라고 부른다. 이 수행법에 따라 우리는 돈 없이 필요한 모든 것을 구걸하며 걸었다. 하지만 전통적인 탁발수행에선 아무 말도 해서는 안 된다. 발우를 들고 한 곳에 서서, 무엇이 주어지든 그냥 받아야 한다. 그렇지만 나는 이 나라에서는 부탁하는 것이 더 낫겠다고 생각했다. 그렇게 하지 않는다면, 며칠 동안 교회 앞에 서 있어도 사람들은 우리가 왜 거기 있는지를 이해하지 못하기 때문이다. 만약 우리가 입마저 닫았다면, 아마 훨씬 더 자주 경찰과 마주쳐야만 했을 것이다. 미국인들은 보통 이런 일을 하지 않는다.

나는 아주 다양한 방식으로 국토횡단을 한 소수의 사람들을 알고 있다. 그들은 걷거나, 달리거나, 자전거를 탔다. 평화순례자라는 이름으로 여행했던 한 여성은 몇 년 동안 이 나라 전역을 왕복했다. 그녀는 평화순례자라는 이름이 크게 적혀 있는 스목*을 입고 다녔고, 스목 호주머니 안에 모든 것을 넣고 다녔다. 그녀는 여행 중에 만나는 사람들의 자선에 의지하며 걸었다. 그것이 그녀의 삶이었다. 하지만 영적인 순례여행은 그보다도 더 드물다.

영적인 수행으로서의 순례는 아시아와 유럽에서는 흔한 일이다. 하지만 순례에서 수행자가 경험하는 배움의 실상을 순례 경험이 없는 사람에게 설명하기는 어려운 일이다. 영적 순례는 강력한 수행이다. 그런 수행에서는 고통의 실상을 더 이상 회피할 데가 없다. 길을 걸을 때 당신은 끊임없이 자기 자신과 자신의 집착과 자신의 저항감과 마주친다. 안전이라는 환상을 위해서 자신이 붙들고 있는 것들과 마주친다. 그러므로 수행하는 동안 그런 것들에 계속 집착한다면 분명히 혹독한 대가를 치를 것이고 끊임없이 불행에 빠질 것이다. 왜냐하면 당신은 어떤 식으로든 상황을 지배하려고 애쓰고 몸부림칠 것이기 때문이다.

---

* 스목(smock): 의복 위에 걸쳐 덧입는 가름하고 품이 넉넉한 상의 上衣.

순례여행에서 집착은 또한 육체적 부담을 가져올 수도 있다. 배낭에 넣고 다니는 불필요한 물건들의 양적인 부담은 등과 무릎의 통증과 물집 등의 육체적인 상처에도 불구하고 얼마나 필사적으로 그런 물건들에 매달리고 싶어 하는지 그것을 지켜보면 우리는 종종 그 사람이 안고 있는 감정적, 심리적 고통의 양을 가늠할 수가 있다.

이 수행의 참된 목적은 모든 기대와 집착을 내려놓고, 그 순간에 주어지는 것에 만족하기 위함이며 실재의 삶을 살고, 미지에 살고, 미지의 것을 우리의 인도자로 삼기 위함이다. 설사 머물 곳이 없고 먹을 음식이 주어지지 않는다 해도 당신은 그 현실에 만족해야 한다.

어떤 마을에 도착하면, 우리는 이런저런 종교단체를 찾아가서 누추한 거처나 간단한 요깃거리를 부탁하곤 했다. 쉽게 추측할 수 있듯이 뉴욕과 콜로라도 주의 덴버 사이에는 불교사원이 그다지 많지 않다. 그래서 우리는 어떤 종교사원을 발견하든 문을 두드렸다. 우리는 그들 모두에게 그들의 가르침을 실천할 수 있는 기회를 주었다. 우리는 가리지 않았다. 아무도 우리를 받아들이지 않는다면 노숙하거나 굶을 각오를 하면서 수많은 문을 두드렸다. 그런 일이 실제로 일어났을까? 물론이다. 하지만 내가 예상했던 것만큼 자주 일어나지는 않았고, 내가 예상했던 장소에서는 더욱 일어나지 않았다.

오하이오 주는 걷기에 가장 어려운 곳이었다. 거기서 우리는 2주 이상을 걸었는데 단지 네 개의 교회만이 문을 열어주었다. 하지만 우리가 거부당한 곳이 오하이오 주만은 아니었다. 펜실베니아 주의 한 마을에서는 눈보라로 변해가는 혹독한 폭풍우 속에서도 모든 교회가 우리를 쫓아냈다. 결국 우리는 장터에 있는 돼지우리에서 자야 했다. 하지만 그날 밤은 우리가 경험했던 가장 멋진 밤이었다. 나는 그 돼지우리에 깊이 감사했다. 다행히 우리는 돼지와 함께 자지는 않았다. 돼지들은 도망가고 없었다. 또한 그날 밤은 우리에게 중요한 밤이었다. 그때까지 우리는 줄곧 숙소와 음식을 제공받았고 그런 선물들을 당연히 여겼다. 하지만 모든 사람이 우리를 거부한 그곳에서 고통이 일어나기 시작했다. 우리는 두려움에 빠졌다. 분노와 독선이 생겨났다. 고통은 다른 사람에게 투사되기 시작했다. 우리는 갑론을박하다가 무뚝뚝해져서 서로를 퉁명스럽게 대했다. 하지만 이런 과정을 통해서 우리는 숨을 쉴 수 있다는 것만으로도 얼마나 감사한 일인지를 배웠다.

붓다께서는 (형상과 관념과 사물에 대한) 집착으로 인한 고통과 집착을 버리는 것의 중요성에 대해서 설파하셨다. 순례여행은 우리에게 날마다 그 가르침을 깨달을 수 있는 기회를 제공했다. 걷는 것 그 자체가 곧 집착과 무집착을 시험할 수 있는 기회였다. 우리는 배낭에 있는 물병이 얼 정도로 추운 영하의 날씨를

조금 더 일찍 당신을 만났더라면 ·

걸었다. 내게는 삔 데 바르는 아르니카 팅크* 한 통이 있었는데 그것마저 딱딱하게 굳어버릴 정도였다. 반대로 우리는 섭씨 38도가 넘는 기온에서 네바다 주의 사막을 걷기도 했다. 흥미롭게도 가장 극단적인 상황에서 가장 먼 거리를 걸었다. 사막에서 우리는 하루에 48킬로미터를 걸은 적도 많았지만, 기쁘게 걸을 수 있었다.

나는 우리의 (육체적·정신적·감정적·영적) 조건 때문에 이런 거리를 걸을 수 있었다고 믿는다. 한 번은 50분 만에 4마일(약 6.5킬로미터)을 걸은 적도 있다. 그 속도는 특히 1200~2100미터 높이의 산에서 배낭을 메고 16킬로미터 이상 걸어야 할 때 가장 좋은 속도다. 그런 속도로 걸으면 호흡을 강력하게 의식할 수 있다. 그때 우리는 정말 숨을 쉬고 있다는 사실을 절실히 느낄 수 있었다. 그 속도는 곧바로 우리의 호흡, 저항감, 집착, 한계와 마주할 수 있게 했다. 당신이 혹시 그런 순례에 참가할 때 집착이나 기대가 없기를 바란다면 이 방법이 가장 빠를 것이다.

언젠가 우리는 약 80명의 주민과 교회 하나가 있는 콜로라도의 한 마을에 도착했다. 비브케는 음식과 거처를 구걸하기 위해 교회 문을 두드렸다. 하지만 우리는 이미 그 교회의 목사님을 만났다는 사실을 까맣게 모르고 있었다. 우리가 마을에 도

---

*　아르니카 팅크: 여러해살이풀인 아르니카의 꽃에서 채취하여 만든 진통제

착해서 어디로 가야 할지를 궁리하고 있었을 때, 그 목사님은 주유소 식료품점에 있었다. 그래서 비브케가 교회 문을 두드려 자신을 소개하고 우리의 순례에 대해 설명한 후 도움과 지원을 요청했을 때 목사님은 "당신들은 불교도잖소. 우리는 당신들을 도울 수 없소." 하고 말씀하셨다.

우리는 덥고 걷는데 지쳐서, 몸을 쉬기 위해 마을 중앙에 있는 공원으로 갔다. 공원에서 쉬고 있을 때 차 한 대가 멈추었다. 목사님과 사모님이었다. 목사님은 종이봉투를 몇 개 들고 차에서 내리셨다. 우리를 위해 준비한 음식이었다. 목사님은 우리가 교회에서 머무는 것은 허락하지 않으셨지만 직접 음식을 사들고 오셨다. 어쨌거나 그분은 자신의 고통인 두려움과 불안을 뛰어넘어 자신에게 가능한 방식으로 도움을 주신 것이다.

하지만 공원에서 대화하는 중에 목사님은 내가 그리스도 반대자(anti-christ)라고 말씀하셨다. 그분은 진지해 보였다. 나는 목사님을 바라보며 말했다.

"전 그렇게 생각하지 않습니다."

그러자 목사님이 물었다.

"당신은 예수 그리스도를 믿습니까?"

"물론입니다."

나는 눈 하나 깜짝하지 않고 그렇게 대답했다. 그것이 진실이었기 때문이다. 나는 진심으로 예수님의 가르침을 존경하고 사모한다. 목사님은 그다음 질문을 하셨다.

"그럼 예수님을 주님이자 구세주로 영접하셨나요?"

"그렇진 않습니다."

"그것 보시오. 당신은 그리스도 반대자요. 예수님을 구세주로 영접하지 않는다면 당신은 그리스도 반대자요."

나는 말꼬리를 돌려 이렇게 물었다.

"목사님, 연세가 어떻게 되십니까?"

목사님은 내게 나이를 말씀해 주셨다. 나는 다시 물었다.

"군대에 다녀오셨습니까?"

"물론이요."

"그럼 아마도 한국전쟁에 참전하셨겠네요?"

"그래요."

"어디에서 복무하셨습니까?"

"해군에 있었소."

"저도 군대에 다녀왔고, 육군으로 베트남전에 참전했습니다."

"얼마나 좋은 곳인가 미국은. 우리는 서로를 위해서 복무했구먼. 나는 결국 당신의 삶을 위해서 복무한 것이오."

"정말 감사합니다. 저도 목사님을 위해서 복무했다고 생각합니다."

그리고 나는 목사님에게 합장했다.

우리는 서로 연결될 수 있는 하나의 자리를 발견했다. 내가 찾는 곳은 우리를 다르게 하는 자리가 아니라 우리가 서로 만날 수 있는 자리다. 과연 나는 거리의 사람들을 볼 때 그들을 나와 다르게 여기지 않고 내 가족처럼 친밀하게, 내 일부로 생각할 수 있을까? 자비심을 계발하기 위해서 불가에서 널리 실천되는 명상이 있는데, 그 방법은 생면부지의 사람이나 당신이 증오하는 사람을 포함해서 모든 이를 당신의 어머니로 상상하는 것이다. 만약 어머니와 문제가 있다면 당신의 아이나 다른 좋아하는 사람을 상상할 수도 있다. 한때는 당신과 다르고 무섭다고 생각했던 사람을 만나서 서로 접촉할 수 있는 자리를 찾는 것은 가능한 일이다. 서로 인간적인 고통과 기쁨의 경험을 나눌 수 있는 자리 말이다.

목사님이 나를 그리스도 반대자라고 불렀을 때 내가 처음 느낀 감정이 분노였다는 사실을 부인하고 싶지는 않다. 그리고 나는 상처를 느꼈다. 나는 어떤 식으로 그에게 분풀이를 할까, 아니면 그의 잘못된 견해를 지적해서 논쟁을 시작할까 망설였다. 하지만 그 어느 것도 결국 소용이 없었을 것이다. 대신 나는 우리가 만날 수 있는 장소, 서로 연결될 수 있는 장소를 찾았다. 왜냐하면 상대방을 나와 분리해서 본다면 나는 결국 고통의 소용돌이에 휩싸여서 내 고통을 표출하게 될 것이기 때문이다. 그 결과는 화와 미움과 폭력과 전쟁의 악순환이다. 우리는 삶의 매 순간 친구를 만들거나 아니면 적을 만들고 있다.

물론 누가 나를 그리스도 반대자라고 부른다면 내 속에서 화가 치밀어오를 것이다. 하지만 내가 화의 자리에서 행동한다면 그때 나는 누구인가? 만약 내가 그 사람보다 더 높아지려고 애쓴다면 나 자신을 신학적 우위에 올려놓는 것이다. 그러면 나는 내가 그와 다르지 않다는 단순한 진리를 망각하게 된다. 사실 내게도 그와 같은 충동이 있지 않은가. 그래서 나는 마음챙김을 통해 나 자신을 그와 분리시키지 않고, 그런 공격성이나 두려움이나 협소한 시야와 마주칠 때 내 안에서 일어나는 현상을 단지 주시할 뿐이다. 그다음 숨을 쉬고, 우리가 만날 수 있는 장소를 찾는 것이다.

미국을 횡단하는 동안 우리가 경험한 두려움과 공격성은 성별이나 나이와는 무관했다. 그것은 남자, 여자, 아이, 노인, 젊은이 모두에게서 왔다. 그리고 우리가 경험한 호의도 역시 성별과 나이와 무관했다. 우리는 이 두 가지 경험을 모두 겪었다.

그저 주기

어림잡아, 다섯 군데의 종교단체에 문을 두드리면 네 군데에서는 거부당한 것 같다. 하지만 자발적으로 우리를 환대해 준 곳도 있었다. 어떤 마을에서는 모든 종교단체와 구호기관이 우리를 외면했다. 그래서 비브케는 길을 걷던 두 여성에게 그 마을에 퀘이커 교회가 있는지 물었다. 우리는 2~3마일 떨어진 곳에 퀘이커 교도의 프렌즈 미팅 하우스(Friends meeting house)가 하나 있다는 말을 들었다. 섭씨 38도의 날씨에 막 29킬로미터나 걸어온 터라 나는 기진맥진해서 더 이상 걸을 수 없다고 했다. 한 여성이 말했다.

"우리 이웃에 불교신자들이 있어요. 아마 그분들이 여러분을 묵게 해줄 겁니다. 일단 우리 집으로 오세요. 이웃집에 가서 물어보죠."

그녀는 우리를 자기 집으로 데려가서 음식을 대접하고는, 이웃집으로 데려갔다. 이웃사람들은 설명하기가 무섭게 우리를 환영했다. 사실 그들은 우리가 온 것에 감격했고, 우리를 맞이한 것을 영광스럽게 생각했다.

순례의 중간 즈음부터 우리는 원활한 여행을 위해서 이런 생각을 했다. 머물고 있던 마을을 빠져나가는 데 걸리는 10마일쯤의 거리를 차를 얻어 타고 거기서 다음 목적지까지 15~20마일 정도를 다시 걸어가기로 말이다.

캔자스 주의 한 마을 목사님은 우리를 도와주도록 신도들에게 부탁하셨지만 아무도 나서는 사람이 없었다. 그래서 목사님은 감리교 목사님에게 부탁하셨고, 그분은 기꺼이 우리를 태워주겠다고 하셨다. 감리교 목사님은 아침 7시 10분에 수행원과 함께 도착하셨다. 차를 타고 가는 도중 목사님은 우리의 순례에 너무나 감동하셨고, 캔자스 주의 나머지 마을은 당신이 다 책임지겠다고 하셨다. 그 후로 캔자스 주에서는 머물 곳이 많았다. 우리는 목사님을 알지 못했고 함께 시간을 보낸 적도 별로 없었다. 하지만 목사님은 아무 이유 없이 그런 식으로 우리를 환대해 주셨다.

또 언젠가 우리는 농장에 혼자 살고 있는 한 여성에게 헛간에서라도 재워달라고 간청했다.

"안 돼요. 당신들을 헛간에 들여놓을 수 없어요."

그녀는 이어 말했다.

"대신 집안에서 주무세요."

그녀는 길거리를 걷고 있는 일곱 명의 낯선 나그네들을 자기 집안으로 맞아들였다. 이것이 부처님께서 가르치신 보시바라밀, 즉 사심 없는 베풂의 실천이다. 내가 이해하기로 보시바라밀에서 가장 중요한 것은 무엇을 얼마나 주는가가 아니라 주고자 하는 우리의 마음이다. 미소든 악수든 인사든, 우리는 그저 주기 위해서 주고, 사심 없이 주어야 한다.

가르침을 삶으로 실천하기

　내가 선불교에 끌리고 이 영적인 전통을 꾸준히 실천하는 한 가지 이유는 미국에서는 선불교가 전도나 개종을 강요한 역사가 없다는 점이다. 내가 아는 한 선불교는 자기 자신과 치유에 초점을 맞춘 전통이다. 아주 고통 받는 지역으로 갈 때, 나는 거기서 누군가를 내 방식으로 개종시키려 하지 않고 그저 나 자신의 종교적 전통을 실천했다. 가능한 한 나는 가르침을 구현하고 삶으로 실천하려고 노력했다.

　미국을 횡단할 때 우리를 개종시키려는 사람들이 더러 있었다. 우리는 마음을 열고 다른 이들의 가르침을 존중했다. 미주리 주의 세인트조지프에서 우리는 한 가족에게 초대받았다. 그들은 '비종파 교회'의 교인들이었다. 내 경험으로 보면 미국에서 비종파라 불리는 교회는 대개 복음주의 기독교 교회다. 사실 그들은 성경과 종교에 대한 가장 정확한 관점을 가지고 있었다. 그 가족은 우리를 집으로 데려가서 음식을 대접했고, 같이 교회에 가자고 했다. 교회에 간 것은 정말 멋진 경험이었다. 나는 이렇게 말했다.

　"여러분과 함께 한 시간과 저희에게 베푸신 모든 것에 감사드리지만 저희를 개종시키려 하지는 마십시오. 저희는 저희만의 수행에 전념하고 있고 앞으로도 그러고 싶습니다."

그들은 우리의 입장을 존중했고, 나에게 교회의 모든 집사들을 소개해 주었다. 그것은 내가 성장하고 배울 수 있는 풍요한 경험이자 기회였다.

복음주의 교회의 문을 두드린 것은 대개 좋은 배움의 기회였다. 순례할 때 나는 내 종파의 전통적 복장을 입고 걷는다. 나는 코르모(검은색의 긴 튜닉*)와 평화 만들기 선 협회의 조끼(다채로운 문직이 있는 검은 조끼)와 라카수(큰 주머니처럼 보이고 목에 걸치는 선불교 전통의 평상복)를 입는다. 또 나는 배낭을 멨고, 삭발을 했다. 문을 여는 목사님은 승복을 입은 빡빡머리 사내와 마주치게 된다. 또한 지팡이를 든 내 모습은 모자를 쓰지 않은 멀린**과도 약간 비슷해 보인다.

문을 두드린 후 나는 이렇게 말한다.

"제 이름은 클로드 안쉰 토머스이고, 선불교 승려입니다. 저희는 탁발·기도 순례중입니다. 돈 없이 걷고 있어서 누추한 잠자리나 간단한 요깃거리가 필요합니다. 저희를 도와주시겠습니까?"

어떤 사람들은 말한다.

"불교도라고요? 그럼 안 되겠소."

---

*   튜닉: 소매가 없고 무릎까지 내려오는 헐렁한 옷
**   멀린: 아서왕 이야기에 나오는 예언자, 마법사

이런 거부의 순간은 내 수행을 실천할 완벽한 기회를 제공한다. 나는 두 손을 모아 합장하고, 우리의 요구에 귀 기울여준 것에 감사하고, 가던 길을 계속 걷는다.

나는 이런 순간을 내 안에서 일어나는 화를 목격하는 기회로 삼았다. 화에 빠지거나 맞대응하지 않고, 대신 그 사람에게 절했다. 그 순간 그는 내 스승이기 때문이다. 그 사람은 나에게 나의 참된 본성에서 살지 못하게 하는 원인을 진정으로 보고 경험할 기회를 준 것이다.

머무는 곳마다 우리는 사람들을 우리의 의식에 초대했다. 목사, 신부, 수녀 할 것 없이 각계각층의 사람들이 우리의 의식에 참여했다. 언젠가 복음주의 교회에서 열리는 5일간의 부흥회 마지막 날에 초대받은 적이 있었다. 신도들이 음악을 연주하고 할렐루야를 노래하는 동안 우리는 교회에 앉아 있었다. 그때 목사님이 신도들 앞에 서서 말씀하셨다.

"여기 몇 사람이 앉아 있습니다. 그들은 불교신자이고 미국을 횡단하고 있습니다. 여러분은 그들을 주목하십시오. 여러분은 그들로부터 배울 수 있습니다. 그들은 참된 신앙을 증거하는 삶을 살고 있으니까요. 그들의 행동을 본보기로 삼으십시오."

목사님이 그런 말씀을 하셨을 때 갑자기 울음이 터져 나왔다. 이분은 뭔가를 알았던 것이다. 목사님은 자신의 영적 가르침을 실천하고 계셨다. 그는 말뿐인 신앙가가 아니었다. 그는 소

조금 더 일찍 당신을 만났더라면 ·

외와 두려움의 복음을 설교하지 않으셨다. 그 순간 기쁨이 물밀듯 밀려왔고 나는 그 선물을 받을 수 있었다. 나중에 나는 목사님과 신도들에게 감사를 표했다. 정말 특별한 경험이었다.

우리는 많은 교회 안에서 우리의 제단을 세우고 의식을 행할 기회를 가졌다. 또한 아주 힘든 지역에서도 의식을 행할 기회를 가졌다. 우리가 머물렀던 두 마을에는 KKK* 단원들이 아주 많이 살았다. 우리 무리는 꽤 다양했지만 – 남자, 여자, 다양한 피부색, 승복을 입고 있는 빡빡머리 스님 등 – 단 한 번도 괴롭힘을 당하거나 방해받지 않았다. 그리고 우리는 숨기지 않고 야외에서, 그리고 모든 곳에서 의식을 행했다. 마음챙김의 종소리를 울리고 싶었다.

승가는 우주의 전체 스펙트럼이다

불교 가르침의 핵심 중 하나는 승가, 즉 공동체의 개념이다. 승가는 우주의 전체 스펙트럼이다. 왜냐하면 전 우주는 지금 여기에 있기 때문이다. 승가는 또한 내 바로 주변의 공동체, 즉 내가 지금 함께 수행하고 있는 사람들이기도 하다. 나와 함께

---

* 큐클럭스클랜: 백인우월주의를 내세우는 미국의 극우비밀결사

걷는 사람들의 공동체가 없었다면 순례는 더 어려웠을 것이다. 사람들을 일으켜 세워 거리로 내몰고 온 것에 대한 책임이 내게 없었다면 걷지 못했을 날들도 많았을 것이다. 그래서 그들의 존재 자체가 내게 힘을 주었고, 마음을 다잡아 주었다.

아무나 나와 함께 순례할 수 있다. 순례수행을 위해서, 내 학생이 되거나 나와 안면이 있어야 할 필요는 없다. 순례는 모든 이에게 열려 있다. 사람들은 나의 여러 강연과 수련회를 통해서 나의 일에 대해 알게 되었다. 미국 국토횡단을 결심했을 때 나는 내 계획을 사람들에게 명확히 알렸다. 나와 함께 걷고 싶은 사람은 누구나 초대한다고 공고했다. 단 아래의 조건은 미리 알고 있어야 했다. ─ 돈 없이 걷는다. 모든 짐을 직접 지고 간다. 하루에 20~60킬로미터를 걷는다.─

뉴욕의 용커스에서 첫걸음을 내디뎠을 때 만약 누군가 함자와 토바이어스와 비브케에게 캘리포니아까지 무사히 갈 수 있을지 물었다면 내 생각으로 그들은 "잘은 모르겠지만, 못 갈 것 같아요." 하고 대답했을 것이다. 대략 4천 마일 정도의 전 구간을 생각한다면 마음은 그렇게 멀리 걸을 수 없다고 말할 것이다. 하지만 그저 한 걸음 한 걸음 내딛기만 한다면 그 과정은 훨씬 쉬워진다. 앉아서 명상하는 것도 마찬가지이다. 만약 규정된 명상 자세나 시간에만 마음을 빼앗긴다면 요점을 놓친 것이다. 해야 할 일은 그저 앉기 위해서 앉는 것뿐이다. 그저 걷기 위해

조금 더 일찍 당신을 만났더라면 •

걸을 수 있다. 먹기 위해 먹을 수 있다. 숨쉬기 위해 숨쉴 수 있다. 이것이 깨어남이다. 순례여행에 꼭 어디까지라는 한정이 있어야 하는 것은 아니다. 어떤 사람에게는 걸음이 멈춰지는 지점이 있을 수도 있다. 하지만 깨어남의 여정은 한 걸음일 수도 있고, 천 걸음일 수도 있고, 평생의 여정이 될 수도 있다.

독일을 걷다

1998년 나는 또 다른 순례를 떠났다. 이번에는 독일을 횡단했다. 가능한 한 제2차 세계 대전으로 고통 받는 여러 장소에 가서 전쟁의 지속적인 영향을 목격하기로 마음먹고 걸었다. 하지만 예상 밖으로 나는 유럽의 모든 역사를 통해 행해진 폭력에 의해 고통 받는 장소들과 마주치게 되었다.

약 7백 마일의 이 여행에서 끝까지 걸은 사람은 여섯 명이고, 25~30명의 사람이 일정 기간을 함께 걸었다. 그리고 테러와 학대와 치욕과 고문과 살인이 일어났던 여러 장소에서 우리가 치른 치유 의식과 수련회에는 총 2천여 명의 사람들이 참가했다.

이 순례의 경험과 의미는 지금도 내게는 너무도 생생하고 강력해서 아직 그 의미를 온전히 이해하고 파악하기는 어렵다. 우리는 수많은 유대인이 몰살당했던 강제수용소를 방문했다. 6만 명 이상이 죽은 부헨발트 수용소, 수만 명이 죽은 테레지엔슈타트 수용소, 수많은 사람이 강제노동으로 죽은 라벤스브루크 수용소, 그리고 (대부분이 독일 국민인) 6만 명 이상의 장애인들이 7년에 걸쳐 안락사 당한 하다마르의 한 정신병원*을 방문했다. 전쟁 후에는 소련군이 이 중 여러 수용소를 사용했는데, 나치스로 확인된 독일인들을 투옥하고 심문하고 고문하기 위해서였다.

하지만 우리가 방문한 수용소는 사실 많은 곳들 중 일부일 뿐이다. 그리고 수용소는 그것이 생기기 오래전에 이미 시작되었던 어떤 발상의 결과물일 뿐이다. 아우슈비츠 같은 수용소가 만들어진 과정은 전 세계 다른 나라의 사회 구조 속이나 우리의 현대 사회 구조 속에도 여전히 존재한다. 많은 곳을 목격함으로써 나는 이런 잔학 행위와 살상을 일으켰던 그런 과정이 지금도 쥐도 새도 모르게 진행 중이며 널리 퍼져 있다는 사실을 깨달았다. 그 씨앗은 일반적으로 문명이라 불리는 것의 본질과 구조 그 자체에 내재한다.

또한 나는 갈수록 나치스의 정책은 유럽과 전 세계 나머지

---

* 1939년 히틀러는 비밀 명령을 통해 살 가치가 없는 장애인 학살을 지시했다. 의사들은 자신이 치료하지 못한 환자들을 아무 저항 없이 병원에 보냈다.

국가들의 공모가 없었다면 실행되지 못했을 것이라고 느끼게 되었다. 독일 사회와 전 세계의 집단적인 공모가 없었다면 그런 정책들은 수립되지 못했을 것이다. 학대와 착취와 고문과 테러 체제의 계획과 착수, 그리고 그것을 실행시킨 정치는 비밀스러운 일이 아니었다. 그 모든 것은 아주 공공연히 전 세계라는 무대 위에서 일어나고 있었다.

또한 이 순례를 통해서 나는 자기 합리화의 위험성을 절실히 느꼈다. 자기 합리화의 행동은 자신의 고통을 외부의 요인(사람이나 장소나 물건)에다 투사하는 것이다. 투사에 근거한 이런 결정은 그 정도가 어떻든 간에 위험한 행동이다. 우리가 세계 역사에서 이 기간(1939~1945년) 동안 5천5백만 명 이상을 살해한 사건들의 세부적인 구조를 엄밀히 검토하지 않는다면 악순환은 되풀이될 것이다. 우리는 소비에트 연방의 스탈린주의자, 모택동주의자의 문화 대혁명, 폴 포트가 이끈 크메르루주*, 미국의 아메리카 원주민 학살, 더욱이 사형이라는 공인된 형벌 제도의 유지에서 이미 그 사실을 목격했다. 내가 순례 중에 테러와 학대 지역을 목격하고 있는 그 동안에도 학살 조건의 그물을 치고 그 올가미를 넓히기 위한 법률은 재빠르게 제정되고 있다. 전 세계의 원주민을 박멸하려는 끊임없는 시도, 발칸반도와 르

---

* 캄보디아의 급진적인 좌익 무장단체

완다의 사건들, 또한 환경 파괴에서 우리는 그런 종류의 합리화의 결과를 목격한다. 연속되는 고통의 악순환을 목격하면서 나는 가끔 망연자실해지고 두렵고 너무나 깊은 무력감을 느낀다. 나는 몇 번이고 자문한다.

"내가 무엇을 할 수 있는가? 적절한 대응책은 무엇인가?"

독일을 순례하는 동안 우리는 1938년 11월 9일에서 10일(크리스탈 나흐트)* 사이에 파괴되었던 시나고그를 방문해서 치유 의식을 행했다. 우리는 아직도 존재하는 유대인 공동묘지를 방문해서 치유 의식을 행했다. 옛 수용소 포로들의 공동묘지를 방문해서 치유 의식을 거행했다. 안락사의 거점으로 사용되었던 정신병원을 방문해 가스실과 사형실에서 치유 의식을 거행했다. 과거의 게슈타포 본부를 방문해서 치유 의식을 행했다. 옛 유대 학교를 방문해서 치유 의식을 행했다. 여호와의 증인, 동성애자, 집시, 정치범을 위한 모금 장소를 방문해서 치유 의식을 행했다. 우리는 또 나치스와 거래하며 현실을 외면했던 교회, 억압과 고문과 말살 정책에 동조했던 교회에 머물면서 치유 의식을 행했다.

---

*   크리스탈 나흐트: 깨진 유리의 밤(the Night of Broken Glass)이라고 불린다. 나치 대원들이 독일 전역의 수만 개에 이르는 유대인 가게를 약탈하고 2백50여개 시나고그(유대교사원)에 방화했던 날을 뜻하며, 유대인 상점의 진열대 유리창 파편들이 반짝거리며 거리를 가득 메웠다고 해서 '깨진 유리의 밤'이라는 이름이 붙여졌다.

우리는 각계각층의 사람을 초대하며 경청하고 배울 테니 우리와 함께 이야기하고 그들의 얘기를 들려달라고 부탁했다. 우리는 재건되고 있던 유대인 공동체와 이야기했다. 새로운 파시스트인 스킨헤드족*과 이야기했고, 우리와 이야기 하고 싶어 하는 모든 사람을 끌어들였다. 우리는 그들의 이야기에 귀 기울였고 물음에 답변했다. 우리는 이야기하는 상대방을 판단하지 않고 지켜보는 그 자리에서 반응했다. 우리 안에서 일어나는 판단에 세밀한 주의를 기울였고, 그런 판단으로부터 반응하지 않았다. 우리는 그들의 고통에 깊이 귀 기울였고 이해하고자 했다.

또한 나는 이 순례에서 자각하게 되었다. 만약 나치즘의 횡포 속에서 군인들이 내려야 했던 선택에 내가 직면했더라면 내가 어떤 행동을 했을지는 나도 모른다는 사실을 말이다. 내가 아는 것은 미군이 베트남전에 개입했던 시기에 내가 어떤 선택을 했는가이다. 나는 자원해서 군에 입대하고 베트남전에 참여했고, 적으로 간주한 것을 죽이고 파괴했다. 내가 수용소의 포로였다면 무엇을 하고 어떻게 행동했을지는 나도 모른다. 내가 아는 것은 내가 주입받았던 정치적 선전이 완전히 거짓말이라는 것을 깨달았을 때에도 내가 했던 행동이다. 나는 계속 싸우

---

* 스킨헤드족: 머리카락을 빡빡 민 백인 우월주의자들

고 죽이고 해치고 파괴하면서도 사람들을 보호한다는 핑계로 내 행동을 합리화했다. 아마 내가 포로였다면 부헨발트 수용소에서 감자 껍질로 다른 포로를 질식사 시킨 그 사람처럼 되었을지도 모른다. 이 순례에서 내가 거듭 직면한 사실은 그런 참사가 일어나고 실행될 수 있기 위해 사회 구조 전체에 내재했던 공모였다. 또 내가 어떻게 그런 참사에 가담하게 되었고, 이 모든 것이 얼마나 부지불식간에 진행되는지를 알게 되었다.

그렇다면 이런 질문이 생기게 마련이다.

"나날의 삶 속에서 일어나는 이런 사건들에 적절한 대응책은 무엇인가?"

나에게 적절한 대응책은 언제나 무관용의 원칙밖에 없다. 인종차별주의나, 어떤 차별대우나, 자기 합리적인 행동이나, 힘의 남용과 마주칠 때, 그것이 어떤 정도든 어떤 규모이든 간에 나는 그에 대해 타협하지 않는다.

그다음 질문이 생긴다.

"그런 입장을 강화하고 유지할 수 있는 좋은 방법은 무엇인가?"

내 안에서는 계속 이런 대답이 주어진다. 내 삶을 새로운 방식으로 살고, 우리가 서로 연결되어 있다는 것을 인식하는 영적인 실재의 삶을 살고, 이 영적인 결심에서 결코 물러서지 않고, 이 길을 지지할 수 있는 모든 수단을 찾는 것이다. 자신을 깊고 세밀히 아는 과정인 명상은 내게 특히 중요하다. 마음챙김만이 학대, 폭력, 대량 학살과 공모에 이르는 무관심과 무지의 병을 치료할 수 있는 유일한 해독제이기 때문이다.

처음에 나치스 운동은 심각하게 받아들여지지 않았고, 별로 문제시되지 않았다. 그런 참사와 테러가 문제시되지 않았던 상황을 곰곰이 생각해볼 때, 나는 모든 나라의 정부가 자신의 책임을 인정하기 싫었던 것이라고 추측할 수밖에 없다. 그들이 개입하고, 이의를 제기하고, 소신을 피력한다는 것은 결국은 (개인적으로나 집단적으로나) 그들 자신도 그와 비슷한 행위에 나서서 지지하고 선동했던 과거를 인정해야 함을 뜻했을 것이기 때문이다.

나는 그 상황이 명확히 이해된다. 폭력과 나쁜 행동에 직면할 때 어떤 방식으로 내 입장을 표명해야 하는지를 배우고 주입받았기 때문이다. 나는 나서지 말라고 배웠다. 겉으로 보면 좋은 충고처럼 들릴 수도 있다. 그것은 쉬운 길이고 저항이 없는 길이다. 나는 뭔가에 이의를 제기하지 말라고 배웠다. 이의를 제기한다면 결국 따돌림을 당하게 된다. 하지만 나서지 않으려는 진짜 이유는 그와 유사한 나 자신의 행동도 도마에 오르게 될 것이기 때문이다. 그렇게 되면, 불가능하지는 않지만 나 자신의 행동을 부인하기가 그만큼 더 어려워진다.

내가 평화를 위해 일하고 영적인 실재의 삶을 살고자 한다면, 우월감의 입장에서 수립된 정책은 그 규모가 어떻든 (개인적이든, 가족적이든, 사회적이든, 국가적이든) 착취적이고 폭력적이고 위험하다는 사실을 인정하지 않을 수 없다. 그러므로 나는 우월감의 씨앗이 내 삶의 어디에 있는지를 성찰해야 하며 그것이 어떻게 드러나는지를 봐야 하고, 외면하지 않겠다는 결심을 해야 한다.

우리는 독일 순례를 마쳤다. 그 후 나는 이탈리아로 갔다. 이탈리아 북동부, 베네치아와 트리에스테 중간쯤에 있는 포르토그루아로에서 나는 대중 강연에 초대받았다. 강연 제목은 '폭력의 씨앗, 전쟁의 뿌리'였다. 나는 그 지역에서 온 학생들에게 이 강연을 했다. 14세에서 18세 가량 되는 약 3~4백 명의 학생들이 참여했고 꽤 많은 인원의 교사 대표단도 참석했다.

이것이 나의 첫 번째 방문은 아니었다. 나는 1999년 5월에도 포르토그루아로에 초대받았는데 그것은 코소보와 세르비아에서 일어난 전투와 관련된 교전지대를 향한 순례의 일환이었다. 나는 전쟁의 본질에 대해 학생들과 대화하도록 부탁받았다. 이 지역에 사는 대부분의 사람과 마찬가지로 학생들도 전쟁에 아주 많은 영향을 받았기 때문이다. 포르토그루아로는 대규모 폭격작전을 지휘하던 나토 기지인 아비아노 공군기지와 가깝다. 낮이나 밤이나 학생들에게는 제트기가 이륙하고 귀환하는 소리가 들렸다. 전쟁의 현장과 가까웠기 때문에 학생들은 이런 질문을 떠올렸다.

"이곳은 언제쯤이나 포성이 멎을까요?"

이 질문을 다루기 위해서 이 전쟁의 원인은 학생들 자신과 학생들의 가족에게도 있다는 것을 깨닫게 하기 위해서 나는 많은 노력을 기울였다. 나는 그들이 우선 이런 폭력의 씨앗을 인식할 수 있도록 해주기 위해서 애썼다. 나는 육체적, 성적, 감정적 학대와 알코올과 약물중독과 자기 파괴적인 행동인 거식증과 다식증 같은 젊은이의 삶 속에 있는 고통의 여러 가지 양상과 전쟁의 뿌리에 대해서 이야기했다. 나는 학생들에게 자신의 삶과 가족의 삶을 정직하게 바라보고 그 고통을 인식하라고 권고했다. 또한 그들이 자신의 견해와 행동을 바꾸기 위해 직접 행동할 수 있으며, 그럼으로써 전쟁을 종식시키기 위한 아주 구체적인 일을 할 수 있다고 알려주었다.

나는 포르토그루아로에서 파도바까지 차를 타고 가서 이전에 유대인 지구였던 곳을 방문했다. 이탈리아에서 파시스트가 생기고 독일의 나치스와 손을 잡기 전에 파도바에는 약 2천 명가량 되는 꽤 큰 유대인 마을이 번성하고 있었다. 1943년 4월에 이 마을 유대인들은 모두 체포되어 중앙 광장에 집결되었고, 수용소로 이송되어 몰살되었다. 시나고그는 불탔다. 그 이후 두 개의 시나고그가 재건되었지만 한 곳만 시나고그로 남아 있고 다른 한 곳은 현재 영화관이 되었다.

만약 당신이 제2차 세계대전 중에 파시스트 정부에 반대했거나 유대인이었다면 이탈리아는 살기 좋은 곳이 아니었을 것이다. 이탈리아는 아직도 과거와 뿌리 깊이 투쟁하고 있다. 나는 그들 역사의 이 시기를 기꺼이 대면하고자 하는 이탈리아인을 거의 만난 적이 없다. 아마 그들은 의식적으로든 무의식적으로든 그것을 기억하지 않으려고 하는 것 같다. 기억하지 않으려는 이런 노력은 이 시기에 대한 말을 꺼내지 않음으로써 더욱 강화된다. 하지만 말하지 않는다면 치유의 기회는 더욱 줄어든다. 나 자신의 경험에 비추어볼 때 이런 치유의 기회를 놓치면 고통은 반복되어 다음 세대로 넘어가고, 그것은 원인도 알려지지 않은 채 끊임없이 불거져 나온다. 우리 가족을 예로 들면 아버지는 군인이었고, 할아버지도 군인이었고, 증조부도 군인이었다.

이탈리아를 여행하는 동안 나는 또한 두려움과 깨어 있는 의식의 결핍에 뿌리를 둔 공격성이 어떻게 수많은 자기기만을 낳는가를 깨닫게 되었다. 이탈리아인들에게 "전쟁이 났을 때 여러분의 부모님은 무엇을 하셨습니까?" 하고 물었을 때 나는 그들의 눈빛 속에서 그런 자기기만을 볼 수 있었다. 베네치아에 있는 동안 나는 옛 유대인 지구를 방문했다. 이 마을은 13세기나 14세기에 설립되었다. 박해와 추방의 시기가 있었지만 18세기에 하나의 영구적인 마을이 뿌리를 내리고 번성하기 시작했다.

하지만 이 마을은 격리된 게토*였다. 출입구에는 밤마다 잠기는 큰 나무 문이 있었다. 잠긴 나무 문에는 이런 표지판이 걸려 있었다.

"이 문은 유대인 마을을 보호하기 위해서 잠겨 있다."

하지만 그 문에는 또 다른 현실이 있었다.

"아무도 밖에 나갈 수 없다."

이것은 미국을 순례하는 동안 운 좋게 주워들었던 이야기 중 하나를 떠오르게 했다. 한 일본계 미국인에게서 들은 이야기인데, 그는 제2차 세계대전 중 미국 서부 포로수용소에서 강제 격리 당했던 경험을 우리에게 이야기해준 사람 중 한 명이었다. 그는 한 수용소에서 미군에게 물었다.

"우린 왜 여기 있죠?"

미군이 대답했다.

"자네들을 보호하기 위해서지."

그는 대꾸했다.

"그런데 당신은 왜 우리에게 총을 겨누고 있죠?"

1943년에 한 차례, 1944년에 또 한 차례에 걸쳐 베네치아의 유대인들은 체포되어 유대인 지구의 중앙 광장에 집결해서 죽

---

* 게토: 유대인을 강제 격리하기 위해 설정한 유대인 거주 지역

음의 수용소로 이송되었다. 나는 이 장소에서 향을 피우고, 땅바닥에 엎드려 절하고, 이 광장의 안과 밖에 있는 영혼들을 위한 치유 기도를 올렸다. 그 외에 내가 달리 무엇을 할 수 있겠는가.

나는 순례여행을 통해서 나 자신과 인간의 상황에 대해서 정말 많은 것을 배웠다. 고통의 보편성과 우리가 어떤 식으로 본질적인 문제를 같이 공유하고 있는가를, 그리고 폭력과 전쟁이 만들어낸 파괴적이고 장기간에 걸친 결과를 목격했다. 내가 계속 이 길을 가는 이유는 전쟁에서 사라진 어떤 생명이라도 헛되이 해서는 안 된다는 강한 책임감 때문이다. 어찌 보면 그들의 생명은 전쟁의 무의미함을 일깨우기 위해서 희생된 것이다. 전쟁은 우리 밖에서 일어나는 것이 아니다. 나의 이해와 경험에서 보면 전쟁은 우리 개개인의 고통이 집단적으로 표출된 것이다. 전쟁이 멈추기를 바란다면 우리는 깨어나야 한다.

틱낫한 스님이 가르쳐 주시기 전까지 나는 베트남에서 내가 죽인 사람들을 위해서 무엇을 해야 할지 몰랐다. 스님은 이렇게 말씀하셨다.

"그저 수행하게. 자네가 걸을 때는 학대 받고, 착취 당하고, 탄압 받고, 불구가 되고, 상처 받고, 또 어떤 상황에서든 목숨을 잃은 모든 이를 위해서 걷는 것이기 때문이지. 자네가 걸을

조금 더 일찍 당신을 만났더라면 •

때는 모든 참전자를 위해서 걷는 것이야. 자네가 앉아서 명상할 때는 모든 참전자를 위해서 앉는 것이네. 그러니 자네가 깨어나고 치유되는 것이 바로 자네 속에 있는 그들을 치유하는 것이네."

그러므로 내가 걸을 때는 폭력과 공격성으로 인한 모든 피해자를 위해서 걷는 것이다. 내가 걸을 때는 모든 참전자를 위해서 걷는 것이다. 그들 모두를 위해서, 그들과 함께 말이다.

평화를
찾아서

AT HELL'S GATE

평화를 찾아서

1997년 나는 스위스에 있었고, 기차를 타고 취리히에서 빈터 투어로 가고 있었다. 한 청년이 기차에 올라타서 내 맞은 편 자리에 앉아 담배 한 갑을 꺼냈다. 하지만 그 칸은 금연구역이었다. 나는 담배를 피우지 않으며 되도록 간접흡연에 노출되는 것도 꺼린다. 나는 그 청년이 담배 한 개비를 꺼내어 입에 무는 것을 지켜보았다. 그 순간 나는 "실례합니다." 하고 말한 뒤 금연 표지판을 가리켰다. 청년은 동작을 멈추고 잠시 나를 바라보았다. 이런저런 생각을 하고 있는 게 분명했다. 그런 다음 그는 반항적인 자세를 취하고 아랑곳없이 담뱃불을 붙였다.

나는 어떤 선택을 할까 생각했다. 라이터를 빼앗아 바닥에 던져 박살을 내고 입에 문 담배를 빼앗아 손으로 뭉개버린 후 얼굴을 한 대 갈긴 다음 "너, 이래도 피고 싶냐?"고 말해 버릴까? 사실 이것이 내 머리를 스친 생각이었다. 하지만 승복을 입은 나는 이것이 최선은 아닐 거라는 생각이 들었다. 갑자기 신문에 대문짝만 하게 "미국 선승이 기차에서 사람을 폭행하다!"라고 제목에 실린 기사가 눈앞을 스치고 지나갔다. 그 순간 나는 멈췄다. 그 상황은 나의 고통이 불거져 나온 것이었다. 나는 곧 그 분노는 나 자신의 고통과 조건화의 산물일 뿐이며 그 청년은 그것에 대해 아무런 책임도 없다는 사실을 깨닫게 되었다. 사실 그는 나에게 큰 선물을, 다시 말해 나의 정신적 습관을 더욱 선명히 바라볼 기회를 준 것이다. 청년은 내 마음챙김의 종소리였다.

나는 멈추어서 숨을 들이쉬고 내쉬면서 호흡으로 돌아왔다. 이제 나는 청년이 담배 피우는 것을 보면서 "나는 자네가 그런 식으로 건강을 스스로 해치고 고통을 자초하고 있는 것이 안타깝다네." 하고 말할 수 있었다. 그리고 나는 그에게 합장했다.

우린 둘 다 같은 역에서 내렸다. 나는 만나기로 한 사람을 만났고, 우리는 샌드위치를 들고 공원으로 갔다. 앉아서 샌드위치를 같이 먹으며 나는 기차에서 만난 청년 이야기를 하고 있었다. 바로 그때 그 청년이 여자 친구처럼 보이는 한 아가씨와 공원을 걷고 있었다. 나는 그들에게 여기 와서 앉지 않겠느냐고 청했다. 물론 아가씨는 불편한 기색을 보였지만 그들은 앉아서 우리와 이야기했다. 나는 청년에게 말했다.

"자넨 기차에서는 그랬지만 여기 공원에서 흔쾌히 나와 이야기하려는 것을 보니 이해심이 많고 다정다감한 사람이군. 자네가 담배로 자신을 해치는 걸 보니 마음이 아팠어. 만약 앞으로 계속 담배를 피울 거라면 주변 사람도 좀 생각해 주지 않겠나?"

이 대화에서 나는 그 친구에게 내 견해를 강요하고픈 생각은 없었다. 나는 계속 이야기했다.

"자넨 자신의 공격성을 느꼈는가? 그런 공격성은 상대방의 공격성을 불러온다네. 아마 다른 사람이라면 나와 다른 식으로 행동했을 것이네."

내가 기차에서 그 친구에게 공격적인 태도를 취했더라면, 이런 대화를 나눌 수가 없었을 것이다. 하지만 이제 나는 갈등의 상황에서도 굳건하게 비폭력적으로 행동하려고 노력한다. 그럼 이런 질문이 떠오른다. 어떻게 하면 그런 상황에 가장 잘 대처할 수 있는가? 일상의 갈등 속에서 어떻게 비폭력을 실천할 수 있는가? 명확한 지침과 절대적인 답은 없다. 그리고 우리가 바깥에서 그 답을 찾고자 한다면 찾을 수 없을 것이다. 최상의 해결책도 상황에 따라 변하게 마련이다. 그런데 나는 담배를 피우는 그 친구를 대할 때 정말 비폭력적이었는가? 혹시 우월감에서 그를 변화시키려거나 '뭔가를 가르치려고' 하는 미묘한 형태의 폭력이 개입되지 않았는가? 그럴 수도 있고, 아닐 수도 있다. 이처럼 누군가를 변화시키는 것은 어렵고 번거로울 때가 많다.

시간이 지날수록 나는 내 감정들이 외부에서 오는 것이 아님을 명확히 이해하게 되었다. 그것들은 내 안에 있다. 나는 내면의 것을 대상으로 작업할 수 있을 뿐이다. 나는 내가 느끼는 모든 것, 즉 나의 화와 절망과 혼란 등을 받아들여야 한다. 다른 사람에게서 옳지 않은 행동을 볼 때 그것을 변화시키는 것은 내가 할 일이 아니다. 사실 나는 그렇게 할 수도 없다. 하지만 나는 그 행동을 내 스승으로 삼을 수 있다. 그렇다고 해서 때로 다른 사람의 행동에 대한 격렬한 생각이나 감정이 나에게도 일어나지 않는다는 것은 아니다. 그런 사람들에게 어떤 식으로 행동해야 한다고 나무라고 싶지 않은 것도 아니다. 나에게 중요한 것은 내 생각과 느낌과 지각을 알아차리고 주의를 기울이는 것이지 내 생각과 느낌대로 맞대응하는 것이 아니다. 내가 내 느낌이 올라오는 순간을 수행을 위한 순간으로 삼아서 그저 숨을 들이쉬고 내쉬면서 그 느낌으로부터 반응하지 않고 그것에 주의를 기울인다면 그 수행을 통해서 나는 무엇을 해야 할지를 알게 될 것이다. 삶이 내게 길을 가르쳐 줄 것이다.

시간이 지나면서 나는 화가 반드시 폭력적인 방법으로 표현될 필요가 없음을 알게 되었다. 나는 누군가에게 화낼 수도 있지만 마음챙김의 방식으로 그 화를 표현할 수도 있다. 그때 그

화는 나를 통과하고 그다지 오래 머물지 않는다. 오랜 세월 동안 내 화는 격노의 형태를 띠었다. 그것은 기생충과 같이 나를 갉아먹고 파괴하고 있었다. 화가 내 의식 속으로 들어와서는 며칠이고, 몇 달이고, 몇 년이고 머물러 있곤 했다. 이제 화는 몇 시간이나 몇 분밖에 지속되지 않으며 더 이상 나를 집어삼키지 않는다.

하지만 아직도 화가 많이 나는 상황이 있는데, 바로 운전할 때가 그렇다. 이전에는 다른 운전자가 공격적이고 이기적인 방식으로 운전한다고 느낄 때는 감정이 끓어오르기 시작해서 결국은 격노로 폭발했었다. 나는 곧잘 제 정신을 잃곤 했다. 차 안에서 소리 지르고, 주먹을 부르르 떨고, 어떨 때는 그놈을 도로 밖으로 밀어내버리거나 그 차를 박아버리고 싶었다. 나는 격노에 휩쓸렸다.

점점 명상과 마음챙김 수행에 뿌리를 내리는 삶을 살면서 나는 제 정신을 잃기보다는 약간 불손한 말이나 손짓 정도로 그칠 수 있게 되었다. 이런 행동은 해가 없는 것처럼 보이지만, 여전히 공격적이고 폭력의 씨앗에 물을 준다. 이제는 이런 화가 일어나는 것을 느낄 때 그것이 마음챙김의 종소리가 되고, 그 순간에 반응하지 않는다. 멈추어서 숨을 쉬고 관찰자가 된다. 나에게는 이것이 명상의 본질이다.

멈추어서 숨을 바라보는 이 수행만으로 화가 사라지지는 않는다. 화는 여전히 거기 있을 것이므로 다른 유용한 방법은 그 감정을 표현하는 것이다. 이것이 마음챙김을 가지고 말하는 수행이다. 친한 사람 앞에서 정직하게 내 느낌에 대해 이야기하는 것이다. 아마 그것은 하루나 이틀, 어쩌면 20년이 걸릴 수도 있다. 시간은 중요하지 않다. 중요한 것은 내가 말한다는 것이고, 계속 나를 고통에 빠뜨리는 문제를 누군가와 깊이 나눈다는 점이다. 그러면 화는 점점 사라진다. 격노는 자비심으로 대체된다. 차를 모는 사람들도 어쩌면 자신만의 전쟁으로 고통 받고 있을 것이다. 병사 수송 군용 차량 안에서 서로 단절된 채 급히 질주하는 그 모든 사람도, 나와 아주 많은 공통점을 가지고 있을 것이다. 일단 서로 시선이 마주치고 나면 상대 운전자를 무례하게 대하기가 얼마나 힘든지를 발견한 적이 있는가?

수행과 여행을 통해서 나는 우리의 공격성과 세상의 전쟁에는 별다른 차이가 없다는 사실을 목격했다. 전쟁은 우리 바깥에서, 다시 말해 보스니아나 코소보 같은 곳에서 일어나는 것이 아니다. 전쟁은 60년 전 독일이나 30년 전 베트남에서 일어났거나 저 멀리 이라크나 아프가니스탄에서 지금 일어나고 있는 것이 아니다. 전쟁과 공격성은 매일 일어나고 있고, 지금 여기에서 일어나고 있다. 한 번 생각해보라. 지금 이 책을 읽고 있는 곳에서 1마일 이내에, 장담컨대 공격적인 행동이 일어나고 있을 것이다. 아마 한 어린이가 성적 학대를 당하고 있거나, 한

조금 더 일찍 당신을 만났더라면 •

여자가 구타를 당하고 있을 것이다. 어떤 사람은 감정적 학대를 당하고 있을 수도 있다. 사람들은 서로 치고받고 싸우거나 욕지거리를 해대고 있을 것이다. 아마 누군가는 배고프고 술에 취해 길거리에 누워 있을 것이고, 행인은 그를 비웃고 있을 것이다. 이것이 고통의 실상이다.

미국인들은 집단적으로 베트남 참전자들을 멸시하고 거부했다. 고통스럽게도 우리 참전자들은 인간의 잔학성과 공격성의 실상을 떠올리게 하기 때문이다. 대부분의 미국인은 우리가 좀 사라져 주거나 눈에 보이지 않았으면 한다. 그렇게 되면 그들은 전쟁과 잔인함은 어딘가 다른 곳에서, 다른 부류의 사람들 사이에서나 일어나는 것이라고 계속 믿을 수 있을 것이기 때문이다. 베트남의 실상과 베트남에서 싸웠던 많은 사람들 때문에 이 나라는 전쟁과 공격성으로 인한 깊고 오래된 상처를 잊을 수 없을 것이다. 이 나라 사람들은 결코 이전처럼 삶을 살아갈 수 없을 것이다. 베트남 전쟁 참전자들은 이 사회에게 '가장 위대한 세대'* 따위는 존재하지 않는다는 사실을 일깨워 주었다. 진실로 모든 세대는 고통 받고 있고, 전쟁을 치른 모든 세대는 깊고 광범위한 상처를 안고 살아가야만 한다.

---

* 가장 위대한 세대(The Greatest Generation): Tom Brokaw의 베스트셀러 제목에서 따온 말이다. 1911~1924년 태생으로, 제2차 세계대전과 한국전쟁에 참여했고 미국을 재건한 세대를 뜻한다.

그렇다면 왜 우리는 모두 고통 받아야 하는가? 남자든 여자든 왜 모든 이는 저마다 베트남을 가지고 있는가? 나는 더 이상 그 이유를 묻지 않겠다. 그건 무의미한 질문이기 때문이다. 어떤 답도 없다. 굳이 고통이 세상에 존재하는 이유를 말하라면, 고통이 세상에 존재하기 때문이다. 하지만 고통이 없다면 기쁨도 없다. 나는 고통을 경험하지 않고 기쁨이 무엇인지 알지 못한다. 또한 나는 영적 수행을 통해서, 명상과 불교 의식을 통해서 이러한 고통스러운 현실과 함께 사는 법을 배웠다. 나는 고통에서 도망가지 않는다. 그러는 동안 치유와 변성의 실상이 보이기 시작한다.

우리의 고통은 우리의 적이 아니다

세상은 우리에게 고통은 적이라고 가르친다. 우리는 불쾌하고 실망스럽고 힘든 것은 거부하라고 끊임없이 주입받는다.

"이 모든 고통이 왜 필요한가? 행복하자! 즐기자!"

하지만 고통은 우리의 적이 아니다. 건너편에 도달할 수 있는 것은 고통과 슬픔을 통해서다. 반대편의 만족과 기쁨과 행복을 진정으로 알고 느낄 수 있는 것은 고통과 슬픔을 통해서이다.

나는 종종 감정적 아픔을 육체적 고통처럼 느낀다. 그런 고통을 느낄 때 사회는 그 고통을 느끼거나 살펴보거나 이해해보라고 격려하기보다는 고통을 덜어줄 약을 먹으라고 부추긴다. 나는 통증을 피하기 위해 온갖 노력을 하도록 조건화되었다. 나는 이런 조건화 속에 살면서 많은 나날을 보냈다. 나는 너무 많은 약을 먹어 내 육체적, 감정적, 정신적 고통을 느낄 수조차 없게 되었고, 그와 동시에 참된 기쁨이나 치유를 느끼는 것도 불가능해졌다. 그건 정말로 불가능했다.

내 몸은 전쟁의 흉터로 가득하다. 내 몸을 볼 때마다 흉터가 보이고, 다시 전쟁의 현실이 느껴진다. 전쟁의 현실이 느껴질 때 전쟁에 내재한 모든 고통이 느껴진다. 과거에 이 흉터의 고통을 느꼈을 때 난 그 고통을 억압하고 숨기려고 노력했다. 하지만 몸의 상처가 전쟁의 상처의 전부는 아니다. 영혼의 상처, 감정의 상처는 눈에 잘 띄지 않지만 훨씬 더 깊다. 그리고 그 상처를 바라보기가 훨씬 더 힘겹다.

미래의 언젠가 이 흉터와 상처들이 점점 사라져서, 마침내 내가 자유로워지는 순간이 올 수 있을까? 아니다. 자유에는 그런 조건이 필요치 않다. 나는 지금 바로 자유롭다. 흉터가 거기 있어도 상관없다. 이제 나는 더 이상 흉터가 지금과 다르기를 바라지 않기 때문이다. 내 말을 오해하지는 말기를. 이전에 나는 내 삶의 흉터가 완전히 사라지기를 바라면서 아주 오랜 시간을 보냈다. 하지만 그것을 바라면 바랄수록 나는 더욱더 미칠 것만 같았다. 사실 흉터는 내 손처럼 나의 일부이기 때문이다. 나는 흉터를 인정하고, 평화롭고 조화롭게 그것과 더불어 사는 법을 배워야 했다.

앞에서 나는 전쟁이 끝난 후 아기의 울음소리를 들을 때마다, 베트남에서 부비트랩에 걸렸던 아기에 대한 기억 때문에 공포에 빠졌다고 말했다. 지금도 나는 아기가 울 때 여전히 두려움을 느끼지만 이제는 새로운 방식으로 이 두려움을 대할 수 있다. 나는 우는 아기를 안아줄까 생각할 수도 있다. 또 실제로 그렇게 할 때도 있다. 나는 더 이상 도피하려 애쓰지 않고 내 두려움과 새로운 관계를 맺으며 살고 있다. 전쟁의 꿈에서 깨어나 비몽사몽 상태에서 온몸이 식은땀으로 흠뻑 젖어 있을 때, 아직도 나는 잠시 피 냄새를 맡는다. 잠시 내가 꿈을 꾸고 있는 건지 현실인지조차 분간이 가지 않는다. 아마 그 냄새는 사라지지 않을 것이고, 그 느낌은 멈추지 않을 것이며, 죽어가는 사람의 비명은 나를 떠나지 않을 것이다. 하지만 내가 기꺼이 내 본래 모습을 깊이 들여다보고 고통을 껴안으려 한다면, 그리고 영적인 수행에 깊이 뿌리내린다면 아마 나는 점점 고요한 물처럼 될 것이다. 이런 과정을 통해서 꿈과 비명과의 내 관계는 바뀔 것이고, 냄새와의 내 관계는 변화될 것이다. 사라지는 것이 아니라 변형되는 것이다.

최근 어떤 사람이 나와 이야기하던 중 이런 말을 했다.

"만약 당신이 그렇게 깊이 느끼지 않고 무감각했거나 자신의 감정을 부인할 수 있었다면 아마 전쟁 경험으로 시달리지 않았을 겁니다."

하지만 전쟁 경험으로부터 자신을 차단한 대부분의 사람들은 사실 엄청난 고통을 겪고 있다. 숨기거나 피한다고 해서 고통이 제거되는 것은 아니다. 그렇게 하면 고통은 더 깊은 지하로 내몰릴 뿐이다. 그때 우리의 고통은 이런저런 형태로 더 깊숙이 우리를 지배한다. 우리는 고통으로부터 숨을 수 없다. 그렇게 하는 것은 1리터의 빨간 페인트를 0.5리터들이 그릇에 부으려 애쓰는 것과 같다. 페인트가 넘쳐서 사방에 퍼지는 것처럼, 고통은 우리 삶의 모든 곳에 스며들 것이다.

내가 삶의 나락에 떨어진 채 고통이 너무 심해 그것을 내 속에 담을 수 없었을 때 그런 일이 일어났다. 나는 자살만이 유일한 선택이라고 생각했다. 고통에 눈을 뜰 때 폭발할 것만 같은 순간이 느껴질 때가 있다. 무한한 고통에 눈을 뜨는 것은 참을 수 없는 아픔이기 때문이다. 아픔은 생생하고, 감당할 수 없을 만큼 한량없이 느껴진다.

그 순간 그 지옥 같은 곳에서 마음챙김과 명상수행은 나에게 가치를 매길 수 없는 자산과 수단이 되어 주었다. 그로써 나는 그 지옥으로 다른 이들과 함께 갈 수 있게 되었고, 그들이 치유되고 스스로를 돌보도록 도울 수 있게 되었다. 나는 또 부상 당하고 죽어가는 사람들과 함께 앉아 그들의 이야기에 깊이 귀 기울일 수 있다. 또한 최전선으로 가서 병사들과 평화에 대해서, 전쟁의 영향과 결과에 대해서 솔직하게 이야기한다. 또 병원과 정신병동의 후미진 병실로 가서 전쟁의 숨겨진 희생자들을 방문하고 그들의 이야기에 귀 기울일 수 있다. 나는 권리를 빼앗긴 사람, 우리 사회에서 소외당한 사람들과 함께 앉아 그들의 이야기에 귀 기울인다. 이 모든 장소에서 이 모든 사람과 함께 있을 때 나는 숨을 들이쉬고 내쉼을 의식한다. 나는 온전히 현재에 있는 수행을 한다. 그리고 그들에게 선불교의 수행법을 제공해서 직접적인 경험을 할 수 있게 한다. 내 인생을 구원해 주었던 수행과 방법들, 즉 '앉아서 하는 명상·걷기 명상·마음챙김으로 말하고 귀 기울여 듣기'를 그들에게 알려주고 싶다. 또 나는 사람들에게 승가(공동체)를 경험시켜 주고 싶다. 공동체가 어떻게 우리의 치유와 각성의 길에 도움이 될 수 있는지를 보여주고 싶다.

　나는 사람들이 고립에서 벗어나도록 권유한다. 우리는 혼자일 때보다 함께일 때 더 많은 일을 할 수 있기 때문이다. 이러한 명상수행의 방법들은 중요하며 때로는 필수불가결한 것일 수도 있다. 왜냐하면 고통은 우리 모두에게 삶의 현실이기 때문이다.

〈지옥의 묵시록〉*은 베트남에만 있는 것이 아니고, 단지 베트남 참전자에게만 해당하는 것이 아니다. 그것은 우리 모두에게 존재한다. 우리는 모두 전쟁과 폭력과 증오의 열매를 먹었기 때문이다. 우리가 이런 현실에 눈뜨지 않는다면 그것은 우리를 파괴할 것이다. 그것은 내부로부터 튀어나와 우리를 파괴할 것이다. 나는 나 자신의 경험으로 그 사실을 알고 있다. 또 나는 항상 그런 상황을 목격하고 있기 때문에 잘 알고 있다.

전쟁과 상처는 변화될 수 있다

나는 전쟁과 그로 인한 상처**의 부정적인 경험은 마음챙김의 삶을 살겠다는 굳건한 결심을 통해 변화될 수 있다는 것을 깨닫고 있다. 그 사실을 불교사원, 길거리, 전쟁 지역, 명상수련회, 순례여행에서 경험했다. 상처는 더 긍정적인 경험으로 변화될 수 있다는 사실을 깨닫고 있다. 삶은 달라질 수 있다. 물론 나는 조동종에서 계를 받고 평생을 승려로 살기로 맹세했지만

---

*   〈지옥의 묵시록〉: 조지프 콘래드의 소설 『어둠의 심장 Heart of Darkness』을 베트남 전쟁에 맞게 각색한 프란시스 포드 코폴라의 영화
**   상처: 정신적 충격, 마음의 상처

그렇다고 특별한 사람은 아니다. 누구라도 이런 변화를 경험할 수 있다.

필요한 것은 새로운 방식으로 살겠다는 굳건한 결심, 고통에 대한 태도를 바꿔서 세상과 일상사에 비폭력의 태도로 임하겠다는 결심이다. 나는 죽이고 싶지 않다. 내 아들도 그랬으면 좋겠다. 나는 폭력이 끝났으면 한다. 하지만 말로 떠드는 것은 별 소용이 없을 것이다. 우리는 이것을 보여줄 수 있어야 한다. 우리는 바깥세상을 평화롭게 만들 수 없다. 우리 자신이 평화가 될 수 있을 뿐이다. 이것이 유일한 길이다. 세상에는 너무도 많은 상처와 슬픔과 고통이 있다. 우리는 기꺼이 그것을 바라보아야 한다. 우리가 어떤 식으로 책임이 있고 이 악순환에 일조하는지를 똑바로 바라보아야 한다. 다른 사람을 비난하지 않고 자신의 내면을 깊이 들여다보기 시작할 때 우리는 고통이 어떻게 일어나고 어떻게 폭력과 연결되는지 또 끝이 없어 보이는 공격성의 악순환을 어떻게 멈출 수 있는지를 깨달을 수 있다.

이는 하룻밤 사이에 일어나는 과정이 아니다. 1분이나 하루나 1년 내에 고통을 멈추는 법을 배울 수는 없다. 물론 불교의 가르침에서는 그것이 가능하다고 말하며 이를 '돈오頓悟'라 부른다. 하지만 내 경험에 비추어 보면 그것은 점진적인 배움의 과정이다. 그 과정은 내 실수와 나라는 인간을 통해서 배우는 것이다. 또 내 경험으로 보면 깨어나고 치유되는 것은 머리로

하는 일이 아니다. 나의 생각하는 자아가 떠맡을 수 있는 일이 아니다. 책을 읽는 것도 도움이 되지 않는다. 이 책도 마찬가지다. 대신 삶 속에 나 자신을 완전히 던져야 한다. 내 본래의 모습을 깊이 들여다보고, 내 고통과 아픔을 의식하고, 내 경험의 본질을 밝히고 탐구해야 한다.

행복을 경험하기 위해서 고통을 피해야 한다면 그런 행복은 참된 행복이 아니다. 고통에 접촉하지 않고, 우리 삶에 고통이 있는 것을 허용하지 않고, 진실로 행복하기는 불가능하다. 어린 아이처럼 부드럽게 고통을 껴안고 위로하는 법을 배워야 한다. 삶에서 고통을 기꺼이 받아들일 때 기쁨은 그 속에서 자란다. 그것은 지금 일어날 수 있다. 이런 변화는 바로 지금 일어날 수 있다. 우리가 고통의 실상을 깊이 들여다보고, 마음챙김을 가지고 그것을 호흡하고, 고통을 삶 속에 맞아들이고, 그 고통을 다른 사람과 나눈다면, 거기에 변형의 가능성이 존재한다.

베트남 참전자로서 나는 살고 치유되고 변화해가야만 할 책임을 느낀다. 참전자들이 이런 책임감을 느끼는 이유는 우리는 전쟁을 너무나 깊이 몸소 겪어서 알고 있기 때문이고 그래서 전쟁에서 죽은 모든 생명이 헛되게 해서는 안 되기 때문이다. 그들의 죽음은, 전쟁은, 그리고 어떤 형태로든 폭력은 해결책이 아니라는 사실을 우리가 분명히 보고, 깨닫기를 요구한다. 전쟁과 폭력이 평화를 가져오지 않는다는 사실을 깨닫기를 요구한다. 이런 점에서 그들의 죽음은 우리의 치유에 도움을 준다. 우리 속에서 싸움이 멈출 때 세상의 전쟁도 멈춘다. 모든 사람이 자기 안의 전쟁을 멈춘다면 전쟁이 싹틀 수 있는 씨앗도 사라질 것이다.

틱낫한 스님의 말씀을 처음 들었을 때 나는 지금 이 순간 변화되어야 한다고 생각했다. 일주일의 수련회 동안 쓰레기를 장미로 바꾸지 못한다면 나 자신은 실패자라고 생각했다. 그러나 나와 대화하던 중 스님은 이렇게 말씀하셨다.

"자넨 이제 막 변화의 과정에 들어섰어. 그 과정이 얼마나 걸릴지 모르지만 자넨 계속 폭력과 슬픔의 씨앗을 마음챙김으로 대해야 하네. 자네의 있는 그대로의 모습을 깊이 들여다보고, 기꺼이 그리고 정직하게 자네와 우리 모두 속에 있는 씨앗들을 바라보아야 하네."

깨어나는 과정은 오랜 시간이 걸릴 수 있다. 이 과정 동안, 우리는 망각 속에서 저지르는 행동에 대해 스스로를 용서해야 한다. 우리는 우리 자신을 부드럽게 대해야 하지만 나태해지거나 변명해서는 안 된다. 우리 자신을 연마하고 강해져야 한다. 깨어나는 행위에 온전히 전념해야 한다. 우리가 고통에서 비롯된 행동을 했을 때, 그 행동에 대해 스스로를 용서할 수도 있어야 하지만 다시는 그러지 않겠다는 결심도 해야만 한다.

우리 문화는 치유를 '고통의 부재'라고 생각하고 있지만 나는 치유란 고통과 아픔이 사라지는 것이 아니라는 사실을 이해하게 되었다. 치유란 고통과 아픔이 우리를 지배하지 않도록 그것들과 새로운 관계를 맺으며 사는 것이다. 상처를 치유하고, 깨어날 수 있는 유일한 길은 숨을 들이쉬고 내쉬며 마음챙김 속에서 현재에 사는 것이다. 두려움과 접촉할 때마다 나는 먼저 두려움과 열린 관계를 맺고, 두려움에 집착하지도 그것을 거부하지도 않아야 하며 그다음은 두려움 이면에 있는 것을 보아야 한다. 그건 돌을 뒤집는 것과도 같다. 나는 죽는 날까지 계속 돌을 뒤집으며 항상 더 깊이 보아야 한다.

상처 없는 치유는 없다. 우리는 자신의 실상을 받아들이고 어떤 것에서도 도망치지 말아야 한다. 고통의 본질을 발견하는 길은 삶에 직접 발을 담그는 것이다. 언제나 우리 자신을 도전적인 상황에 놓되 자신에게 관용적이어야 한다. 삶의 불편을 감수하고 기꺼이 실수를 저질러라. 바로 거기서 우리는 고통과 고통에서 벗어나는 법을 배운다.

말하고 듣기

『베트남의 아킬레스: 전쟁의 트라우마와 성격장애의 해소』란 책에서, 정신과 의사인 조나단 쉐이는 전투의 트라우마에서 회복되는 길은 그 트라우마의 공유화, 다시 말해 그것을 사람들과 나누는 데 달렸다고 말한다. 말하는 사람은 정직하게 이야기를 할 수 있고 듣는 사람은 귀 기울여 듣고 비밀을 유지할 수 있는 하나의 공동체에서 트라우마를 나누는 것이 중요하다.

처음 전쟁의 트라우마로 괴로워하고 있었을 때 난 내 경험을 누군가에게 이야기할 필요가 있다는 것을 알지 못했다. 아무도 그렇게 하라고 권한 적이 없기 때문이다. 트라우마를 경험한 사람은 누구나 그것에 대해 이야기할 필요가 있다. 그런데 우리는 모두 어느 정도의 트라우마를 경험한 적이 있다. 종종 사람들은 이런 이야기를 한다.

"내 인생에서 그런 이야기는 결코 할 수 없었어요. 사람들이 날 뭐라고 생각할까요?"

내 생각에 그 사람들은 수치심과 죄책감의 덫에 걸려 있다. 그들은 뭔가를 숨기는 게 안전하다고 느끼겠지만 자신의 모든 아픔을 혼자만 가지고 있으면 아무것도 치유되지 않는다. 그것은 자신에 대한 학대와 주위에 있는 모든 이의 학대를 조장할 뿐이다.

우리는 대개 아픔을 입 밖에 내지 않도록 사회와 문화에 의해서 조건화되었다. 하지만 아픔을 말하지 않는다면, 느낌을 표현할 수 있는 언어를 창조하지 않는다면, 치유는 일어나지 않을 것이다. 그것은 단지 고통의 악순환을 계속 비축하고 재생산할

조금 더 일찍 당신을 만났더라면 •

뿐이다. 미지를 향한 첫 번째 발걸음은 당신의 이야기를 하는 것이다. 이 과정에서 비슷한 생각을 하는 사람들의 공동체나 치유 장소 같은 안전한 수용처가 필요하고 도움이 된다. 승려가 됨으로써 나는 이 과정에 도움이 되는 수단을 찾아 사람들에게 전할 수 있었다. 자신의 이야기를 하고 싶은 사람들에게 그런 수용처를 만들어 제공해 주는 수단을 찾을 수 있었다.

뭔가를 바꾸거나 고치려 하지 말고 상대방의 이야기에 진실로 귀 기울이자. 서로 귀 기울이며 그저 솔직하게 우정을 나누자. 이것이 치유를 향한 여정의 첫걸음이다. 우리는 듣는 법을 안다고 생각하겠지만 사실 다른 사람이 말할 때 진실로 귀 기울이지 않는다. 우리는 다른 사람의 말을 판단하고, 우리 자신을 방어하고, 맞대응하고, 충고하고, 어떤 식으로든 상황을 지배하려 하는 경향이 있다. 그러므로 듣는 법의 훈련이 필요하다.

그룹을 대상으로 할 때 나는 참된 경청법을 기르도록 다음과 같은 훈련을 한다. 우리는 원형으로 둘러앉는다. 원의 중앙에 하나의 물건(어떤 물건이라도 상관없다)을 놓은 다음 잠시 고요히 앉아 들숨과 날숨의 리듬에 집중한다. 그룹의 누군가가 말하고 싶을 때 그 사람은 물건을 집겠다고 사람들에게 말없이 신호를 보낸다. 종종 나는 화자話者에게 두 손을 모아 중지 끝을 코와 나란히 하고 사람들 앞에서 합장하라고 제안하는 경우가 많지만, 사실 어떤 몸짓이라도 무방하다. 몸짓을 한 뒤 화자는 물건을 집는다. 화자는 호흡에 대한 의식을 하나의 닻으로 유지하며 말하기 시작한다.

그룹의 한 사람이 말하는 동안 다른 사람들은 단지 귀 기울여 듣는다. 청자聽者도 역시 호흡을 닻으로 사용하며 떠오르는 생각과 느낌과 지각에 주의를 기울인다. 청자는 자기 의견을 말하거나 충고나 제안을 하지 않고 단지 숨을 들이쉬고 내쉬며 깊이 귀 기울이고, 또한 자신의 듣는 능력을 방해하고 교란하는 것에 주의를 기울인다. 말이 끝났을 때 화자는 아까와 마찬가지로 사람들에게 합장하며 원의 중앙에 물건을 도로 놓아둔다. 지금까지 말한 화자는 이제 적극적인 청자가 된다. 여기서 말해진 내용은 정직성과 안전성을 유지하기 위해 그룹 내에서 비밀에 부쳐져야 한다. 또한 이 그룹은 토론 그룹이 아니므로 어떤 논쟁도 할 필요가 없음을 이해하는 것도 중요하다. 이것이 적극적인 경청법을 기르는 훈련이다.

말하고 듣는 것의 가치를 강조할 때 나는 트라우마로 괴로워하는 사람이 누군가에 의해서 치유되는 것이 아니라 자기 스스로에 의해서 치유가 일어난다는 중요한 사실을 지적하고 싶다. 우리는 바깥의 누군가가 우리를 치유한다고 사회에서 배운다. 의사든, 치료사든, 설교자든, 신이든, 그 밖에 무엇이든. 하지만 불교적 관점에 의하면 우리의 치유에 책임이 있는 사람은 우리 자신이다. 우리에게는 우리의 길을 가는 데 도움이 되는 수단이 필요하다. 그것은 정신적 수행에 근거해야 한다. 그리고 우리는 고통을 피하거나 없애버릴 수 없다는 사실에 근거해야 한다.

우리는 고통 받을 때 그 고통을 외부에 투사하는 경향이 있다. 우리 바깥의 누군가나 뭔가가 고통의 원인이거나 구원의 근원이라고 생각한다. 마음은 고통의 근원을 제거하면 고통은 영원히 사라질 것이라고 말한다. 전쟁에서는 이 과정이 조장되어 폭력으로 나타난다. 일단 이런 길에 들어서면 우리는 그 함정에 빠진다. 폭력이 우리를 지배한다. 우리가 고통에 대한 책임을 지고 폭력을 멈출 때까지 폭력의 악순환은 저지되지 않고 계속된다. 고통에 대해 책임을 진다는 것은 고통을 그냥 무시하지 않고 고통을 느끼고 그 속으로 들어갈 수 있는 용기를 내는 것이다. 내가 고통의 본질을 깊이 들여다보지 않는다면 전쟁은 계속된다. 나는 전쟁이 내 삶에 끼치는 영향을 깨닫고 이해해야 한다. 전쟁이 내게 퍼뜨리는 고통을 이해해야 한다. 나는 고통이 내 삶 속으로 기어들어 올 때 고통에 지배되지 않고 그 얼굴을 정확히 알아볼 수 있도록 고통을 맞이하는 법을 배워야 한다. 그리고 고통이 나타날 때 그것과의 관계 속에서 어떤 식으로 행동하는가는 나에게 달렸다. 그 결정은 나의 몫이다. 이미 경험한 트라우마는 어떻게 할 수 없지만 우리는 그 치유에 적극적인 역할을 할 수 있다.

내 아들에게로 돌아가는 여정

내 아들 잭이 세 살이었을 때 나는 그 애를 떠났고, 여덟 살까지 그 애의 인생에 존재하지 않았다. 그 기간 동안 내 삶은 혼란과 절망으로 점철되었고, 약물과 알코올과 폭력과 문란한 섹스가 나를 지배했다. 어쩌면 내가 없어서 오히려 아들이 큰 피해를 입지 않았을 거라고 믿지만 또 그 때문에 그 애가 괴로워했다는 걸 나는 알고 있다. 그 애가 여덟 살이었을 때 나는 아들이 살고 있는 마을로 돌아왔지만 그에게 도움이 되는 친밀한 관계를 맺을 수 없었다. 나는 여전히 내 고통에 빠져 있었고, 그 상황을 바꾸기 위해 뭔가를 할 수 있다고 생각하지 않았기 때문이다. 하지만 내 인생을 다른 식으로 살 필요가 있다고 느낀 이유는 아들과 친해지고 싶은 갈망과 아버지로서의 책임감 때문이었다. 그렇지만 아들을 부르는 외침은 너무 멀었다.

아들이 열한 살쯤이었을 때 나는 약물과 알콜 중독을 치료하기 시작했다. 그 당시 나는 내 삶의 원인과 조건을 명확히 보고 나 자신을 치유하기 위해 할 수 있는 일은 모두 다 하기로 결심했다. 아들에게 필요한 정서적이고 친밀하고 다정다감한 아버지가 되는 것을 방해하는 요소가 무엇인지 이해하기 위해서는 나 자신을 깊이 들여다볼 필요가 있다는 것을 깨달았다.

내가 변화하기 시작했을 때 아들과 나의 관계는 진전되고 깊어지기 시작했다. 아들이 열한 살이었을 때부터 고등학교를 졸업할 때까지 나는 그 애와 친해지기 위해 무진 노력을 했다. 나는 아들의 인생에 도움이 되고 긍정적인 영향을 주는 아버지가 되기 위해 애썼지만 그 애를 버렸었다는 죄책감이 너무 깊어서 힘들었다. 매사추세츠로 이사한 뒤 나는 아들을 보기 위해 가능한 한 자주 차를 타고 펜실베니아로 왔다. 아들을 떠나기가 얼마나 힘들었는지 그 애가 아빠를 보내기를 얼마나 힘들어했는지 지금도 눈에 선하다. 떠나야 할 시간이 다가오면 그는 종종 내가 아예 떠나지 못하도록 모습을 감춰버리곤 했다. 그러면 나는 우리가 그 힘들고 가슴 아프고도 소중한 작별 인사를 치를 수 있도록 그가 돌아오기만을 기다리고 또 기다렸다.

아들은 추수감사절이나 크리스마스 즈음에 나를 보러 오곤 했다. 나는 이런 기회를 소중히 여겼다. 하지만 이때도 역시 힘겨운 시기였다. 나는 그저 아들과 재미있게 놀기만 하고 엄마에게 양육의 모든 책임을 전가하는 그런 사람이 되고 싶지는 않았기 때문이다. 나는 아들에게서도 애엄마에게도 존경받지 못하는 그저 '재미난 아빠'가 되고 싶지는 않았다. 애엄마는 열심히 일해서 아이가 자랄 수 있는 안정된 기반을 제공하는 데 헌신했지 않은가.

아들이 십대가 되던 어느 날 나는 그에게 내게로 와서 1년만 같이 살자고 부탁했다. 아들은 안 된다고 했다. 나는 크게 실망했지만 어쩔 수 없었다. 그 애의 선택에도 일리가 있었다. 아들은 그저 친구들과 헤어지고 싶지 않았던 것이다.

아들이 고등학교 2, 3학년이었을 때 그 애와 나는 더 가까워지기 시작했다. 아마 그 이유는 아들은 엄마가 결코 답해줄 수 없었던 문제를 내게 얘기할 수 있었고, 또 그 당시에는 엄마가 재혼해서 아이에게는 아주 어려운 시기였기 때문일 것이다. 나는 나도 모르게 감정적, 심리적, 정신적 도움을 줄 기회를 대비하고 있었던 셈이다. 마침내 나는 아들에게 필요한 보살핌을 줄 수 있는 입장에 서 있었다. 이때도 물론 힘겨운 시간이었지만 나는 그 시기에 아들의 인생에 필요한 아버지 노릇을 했다고 믿는다.

그때 아들은 나에게 비행사가 되고 싶다고 말했고, 어디서 어떻게 배울 수 있는지를 물었다. 물론 비행은 군대에서 배울 수 있었기 때문에 아들의 군입대 문제가 즉시 우리 관계에 개입해 들어왔다. 내가 겪은 모든 경험에도 불구하고 나는 아들을 대신해서 결정하고 싶지 않았다. 나는 아들이 자신만의 판단으로 결정할 수 있도록 단지 내가 가진 정보만 제공하려고 무진 애썼다. 아들을 강요하지 않는 것은 힘든 일이었지만 나는 내가 대학과 군대의 갈림길에 서 있었을 때 내 아버지가 그 결정에 개입했던 상황을 떠올렸다. 나는 내 아들에게는 그렇게 하고 싶지 않았다.

대학에 들어간 뒤 아들은 나와 점점 더 많은 시간을 보냈다. 우리는 같이 다녔고 멋진 (힘겹기도 한) 순간들을 함께 나누었다. 나는 오토바이 타는 법을 가르쳐 주었고, 몇 번 함께 여행도 갔다. 야영을 가고, 등산도 하고, 운동도 함께 했다. 아들은 여름 방학 동안 나와 함께 살며 같이 요리하고 빨래도 했다. 우리는 그냥 재미난 것들이 아니라 실제적인 삶의 모습들을 함께 나누었다.

이 기간 동안 나는 아들에게 내가 그를 떠났을 때 마음이 어땠는지를 자주 물었다. 그것을 물은 이유는 아들이 분명 그 때문에 마음의 상처를 입었을 것이라고 생각했고, 힘들다고 해서 그 문제를 피하고 싶지가 않았기 때문이다. 아들은 큰 문제가 아니었다고 대답했지만 나는 그 말이 사실이 아닐 것이라고 생각했고 지금은 그런 식으로밖에 말하지 못하는구나 하고 그냥 참고 받아들여야 했다. 하지만 한편으로 나는 아들이 이처럼 감정적 상처에 대해서 말하지 않는다면 내 삶의 끔찍한 현실의 (전부는 아니지만) 일부를 그 아이 역시 되풀이하게 되지는 않을까 두려웠다. 또 나는 내 속에 그런 두려움이 있다는 것도 목격해야 했다. 나는 그 두려움을 허용하되 그에 따라 행동하지 말아야 했다. 아들이 나처럼 감정적으로 억압될 가능성을 확인하기 위해 강요하고 요구하고 다그쳐서는 안 되었다. 하지만 그것은 때로 너무나 힘들었다.

아들과 나는 몇 년에 걸쳐 함께 심리치료를 받았는데 잠시 아들 혼자만 치료를 받은 적이 있었다. 그것은 정말 유익한 경험이었다. 치료 중에 중요한 사실이 드러났다. 아들은 내가 없을 때보다 내가 있을 때가 더 힘들었다고 고백했던 것이다. 물론 나는 그 말을 받아들이기 어려웠다. 아들은 내가 없는데 익숙해져 있었다. 아들의 인생에서 껄끄러웠던 시기는 오히려 내가 돌아왔을 때였다. 하지만 우리의 관계가 더 깊어질 수 있도록 그 사실이 밖으로 드러나고, 또 내가 그것을 듣고 이해하는 것은 중요했다.

우리의 동반 성장에서 경험했던 변화의 시기들이 항상 쉽지는 않았지만 우리는 무사히 그 시기를 통과할 수 있었고 아들과 나의 관계는 점점 더 가까워졌다. 20대 말에 아들은 하늘을 나는 어린 시절의 꿈을 이루기로 결심했다. 이 글을 쓰고 있는 지금 아들은 군대 밖에서 비행사라는 직업을 실현할 수 있는 대부분의 훈련을 마쳤다. 아들이 삶 속에서 성장해가는 모습을 지켜보면서 나는 그 애가 너무도 대견스러웠다. 내가 항상 그 애의 선택을 찬성하거나 지지하는 건 아니지만 나는 아들이 뚫고 지나가는 과정을 존중한다. 아들은 지성적이고, 친절

조금 더 일찍 당신을 만났더라면 •

하고, 사려 깊고, 감수성이 강하고, 다정다감하다. 그 애는 멋진 한 사람의 인간이자 내 사랑스러운 아들이다. 나는 아들을 알게 되고 그 애의 삶에 동참한 것에 매일 감사한다.

평화는 갈등의 부재가 아니다

틱낫한 스님은 말씀하셨다.

"우리에겐 평화가 너무도 필요하다. 하지만 평화를 이루기 위해서는 당신이 평화가 되어야 한다."

하지만 평화는 무엇인가? 평화에 대한 내 생각은 항상 발전하고 있다. 나는 우리가 평화에 대한 고정관념을 가진다면 아주 협소하고 제한된 시야에 갇히게 되는 것을 목격했다. 우리는 그 관념에 너무 집착해서 어떤 순간에도 존재할 수 있는 평화의 가능성을 보지 못할 것이다. 평화는 고정되어 있거나 획일적인 것이 아니다. 평화는 상황과 환경에 따라 항상 변하는 유기적인 것이다.

평화에 대한 내 생각은 계속 성장하고 바뀌지만 한 가지 확실한 것은 평화는 갈등의 부재가 아니라는 점이다. 평화는 갈등 안에 있는 폭력의 부재다. 갈등을 해결하기 위해서 우리는 공격성과 화와 폭력을 접해야 하지만 우리 속에 있는 그런 모습에 굴복할 필요는 없다. 그것이 내가 평화에 대해서 배운 것이고 여전히 배우고 있는 것이다. 우리는 서로 간의 불일치 속에서 함께 공존하는 법을 배울 수 있고 배워야 한다. 갈등은 앞으로도 계속 존재할 것이다. 중요한 것은 갈등을 어떻게 다루는가이다. 서로 갈등 관계 속에 있을 때, 우리는 우리 자신과 다른 사람의 고통을 정면으로 마주보게 된다. 갈등 속에서 우리의 고통을 스스로 책임지지 않고 다른 사람에게 전가하려고 한다면 대부분 갈등은 해결되지 않을 것이고 아마도 더 커져서 폭력과 공격성의 형태를 띨 것이다.

우리는 폭력 속에서 살 필요가 없다. 이것은 나 자신의 경험에서 하는 얘기다. 우리가 진정 새로운 방식으로 살기를 원한다면 그럴 수 있다. 이것은 정치의 문제가 아니라 행동의 문제다. 이것은 정치 제도를 개선하거나 사회적 불평등을 바로잡는 문제가 아니다. 물론 그런 것들도 가치가 있지만, 그것만으로 전쟁과 고통은 종식되지 않을 것이다. 우리 내면의 끝없는 싸움을 멈추어야만 한다. 이런 과정에 들어서면서 나는 내가 싸워온 많은 전쟁의 상처로부터 치유되기 시작했다. 내 가족, 학교, 사회, 알코올과 마약, 베트남 같은 전쟁터에서 말이다. 이제 나는 평화가 됨으로써 평화를 실천할 수 있다는 것을 알고 있다. 프랑스의 불교사원에서 내가 적으로 생각했던 사람들과 함께 살면서, 나는 그 사실을 명확히 깨달았다.

매사추세츠 주의 콩코드에서 나는 작은 방이 한 칸 딸린 집에 세를 들어 살았다. 이 집은 내가 인생에서 가졌던 진정한 의미의 유일한 집이었다. 이 집은 날 보살펴 주었고 내 은둔처가 되어 주었다. 이곳은 세상과 나의 조심스러운 관계(대개 적대적이고 냉담하고 반항적으로 느껴졌지만)가 너무 견디기 어려웠을 때 내가 안심하고 돌아올 수 있었던 장소였다. 내 고통과 좀 더 융화된 방식으로 살게 해 준 변화의 경험도 대부분 그 집의 보살핌 덕분에 일어났다. 그 집은 마음이 편할 수 있는 안전한 장소였다. 나는 너무도 오랜 세월 동안 편안하지 못했다. 그런 안정감이야말로 내 치유 과정에서 가장 중요한 것이었는데 말이다.

이전에 언급했듯이 나는 1967년 베트남에서 야간 습격을 당한 이후로 내 삶의 일부가 되었던 어지러운 잠자리 때문에 많이 시달렸다. 그때 이후로 나는 밤에 연속해서 2시간 이상은 잘 수가 없었다. 오랜 세월 동안 나는 이 현실과 맞서 싸웠다. 사실 불면증은 내가 더 이상 '정상적'일 수 없다는 증거가 되었고, 내 곁을 떠날 줄 모르는 전쟁의 악몽을 끊임없이 떠올리게 했다. 정말 난 내 삶이 그렇게 되지 않기를 바랐다. 불면증은 내가 결코 건강해질 수 없을 것이라는 가장 깊은 두려움의 상징이었다.

어쩌다가 일을 하게 되더라도, 나는 그 직업을 오래 유지할 수가 없었다. 밤에 잠을 잘 자는 보통 사람들처럼 활동할 수가 없었기 때문이다. 나는 늘 피곤하고 마음이 산란했고, 제시간에 일하러 갈 수 없을 때도 있었다. 이른 아침 시간은 내가 잠들 수 있는 유일한 시간이었다.

잠자는 것이 힘들었던 이유는 밤의 공포 때문이었다. 멀리서 들려오는 대포 소리, 헬리콥터의 공격 소리, 인공조명 아래 보이는 주변의 기이한 모습들, 총소리, 위생병을 부르는 부상자의 외침 소리. 이런 공포는 특히 밤의 침묵 속에서 떠올랐다. 나는 해가 지는 것이 싫었다. 불면증과 싸우고 투쟁했지만, 투쟁할수록 밤은 더 힘들어졌다. 그래서 알코올과 (합법적이고 불법적인) 다른 약물을 위안으로 삼았지만, 고통은 더 심해질 뿐이었다.

1983년 약물과 알코올중독 재활프로그램을 받았을 때 나는 (명백한 형태의) 중독증상에서 벗어났다. 돌이켜보면 이 일이 내 인생에서 가장 중요한 사건인 것 같다. 내 인생을 직접 경험할 기회를 주었기 때문이다. 그리고 바로 그곳이 치유와 변화가 일어날 수 있는 유일한 지점이었다.

중독에서 벗어난 지 몇 년 뒤 나는 콩코드의 내 집 부엌 개수대에 서서 설거지를 하고 있었다. 개수대 위에는 창문이 하나 있어서 도로에 늘어선 15미터 정도 높이의 소나무들을 바라볼 수 있었다. 설거지를 하고 있던 그날, 나는 바삐 움직이는 다람쥐 한 마리를 보고 있었다. 그 순간 나는 강력한 체험을 했다. 내 안의 목소리, 마음챙김의 목소리가 내게 속삭였다.

조금 더 일찍 당신을 만났더라면 •

"넌 잠을 잘 수 없어. 그래, 그게 뭐 어쨌단 말이야?"

난 웃기 시작했다. 완전한 받아들임의 순간이었다. 마침내 나는 그저 나일뿐이라는 사실을 이해했다. 내 삶의 본래 모습에 저항하고 싸우고 그 모습을 바꾸려고 안달하는 것은 사실 상황을 더 악화시키고 있었다. 나는 단지 있는 그대로의 내 모습과 함께 사는 법을 배워야 한다는 사실을 이해했다. 그 순간 나는 치유와 탈바꿈이 일어날 수 있는 곳은 지금 여기 고통과 혼란의 한복판이라는 사실을 깨달았다. 물론 내가 고통을 피하고자 애쓰지 않는다면 말이다.

당신도 알겠지만 나는 특별한 사람이 아니다. 당신도 물론 그렇게 할 수 있다. 당신도 자신의 슬픔과 상처를 직시할 수 있다. 당신도 더 이상 다른 어떤 삶, 다른 어떤 과거, 다른 어떤 현실을 헛되이 원하지 않을 수 있다. 당신 자신의 지금 모습과 싸우지 않고, 숨을 들이쉬고 내쉬며 당신 자신의 경험을 열어젖힐 수 있다. 거기 있는 것이 무엇이든 그저 느끼고 살펴볼 수 있고, 그래서 투쟁을 멈추고 당신의 삶에 온전히 존재함으로써 오는 해방감을 맛볼 수 있다. 이것이 평화와 자유에 이르는 참된 길이다. 당신은 자신을 위해서, 자신의 가족을 위해서 그렇게 할 수 있다. 그러면 온 세상이 그 덕을 누리게 될 것이다.

부록 _____

명상수행의
시작

AT HELL'S GATE

명상수행의 시작

여기서 나날의 삶에서 실천할 수 있는 몇 가지 기본적인 명상법을 설명하겠다. 나는 다양한 장소에서 각계각층의 사람들에게 명상을 가르칠 기회가 있었다. 어디를 가든 나는 내 삶을 탈바꿈시켰던 선불교의 수행을 가르친다. 여기 제시된 수행 전부에 전념할 필요는 없지만 모든 방법을 시도해보고 어떤 것이 더 깊은 의식과 수용성과 자비심을 계발시키는 데 도움이 되는지를 각자가 찾아보기를 권한다.

앉아서 하는 명상

매일 아침과 저녁에 적어도 5분 동안 앉아서 명상하라. 편안하고 조용한 장소를 찾고, 필요하다면 초와 향과 꽃으로 조그마한 제단을 만들라. 의자에 앉아도 좋고 마루에 앉아도 좋다. 의자에 앉을 때는 발을 바닥에 대고 척추를 곧추세우고 앉아라. 등받이에 기대지 마라. 바닥에 앉는다면 무릎이 더 쉽게 바닥에 닿을 수 있도록 방석을 이용해 엉덩이를 약간 올리고 반가부좌나 결가부좌로 다리를 꼬고 앉을 수 있다. 또는 일본의 승려나 평신도들이 하듯 정좌로 앉아도 좋다. 정좌正座는 무릎을 꿇고 발뒤꿈치로 앉는 것이다. 이 자세는 초심자에게는 어려울 수도 있으므로 방석이나 명상용 의자에 엉덩이를 대고 앉는 게 도움이 될 것이다.

머리를 똑바로 세우고 턱은 약간 안으로 당기라. 어깨는 펴라. 귀와 어깨, 그리고 코와 배꼽이 일직선상에 있다고 상상하라. 손을 편안히 놓을 곳을 찾아라. 무릎 위에 놓는 것도 좋다. 아니면 전통적인 방식을 사용해서 손바닥을 위로 한 채 왼손가락을 오른손가락 위에 얹고 두 엄지는 닿을 듯 말 듯 하게 놓아라. 만약 이 자세를 취한다면 손은 배꼽 바로 앞에 놓아라. 눈은 떠도 좋고 감아도 좋다. 눈을 뜬다면, 시선을 낮추고 당신 앞의 바닥 한 지점을 선택하여 거기에 머물게 하라. 앉는 명상에서 올바른 자세는 여러 가지 이유로 중요한데, 그중 한 가지는 호흡의 흐름을 원활하고 쉽게 해준다는 것이다.

이 자세에서 들숨과 날숨 하나하나에 집중하라. 들이쉴 때 배가 부풀어 오르는 것을 느끼고, 내쉴 때 배가 수축하는 것을 느끼라. 성취해야 할 것도, 얻을 것도 없다. 당신의 생각, 느낌, 지각에 주의를 기울이라. 그것들에 집착하지 말고 거부하지도 말라. 단지 그것들을 관찰하고 계속 호흡하라. 호흡에 집중하기 어렵다면, 보조 수단으로 호흡을 세는 기법을 사용해 보라. 한 번의 들숨과 한 번의 날숨에 하나를 세고, 그다음 들숨과 날숨에 둘을 세고, 그런 식으로 열까지 세라. 일단 열까지 세었으면 다시 하나부터 세라. 여기서 중요한 점은 열까지 세는 것이 아니라 계속 호흡과 연결되는 것임을 유념하라.

몸에 불편을 느낀다면 잠시 그 상태로 앉아 있어라. 불편이 계속된다면, 주의 깊게 아픔이 덜어질 때까지 앉아 있는 자세를 조금씩 바꾸어라. 앉아 있는 힘(육체적 힘뿐만 아니라 정신적이고 영적인 힘)은 수행을 한 뒤 더 강해질 것이다. 비록 5분만 앉는다 해도 매일 아침저녁으로 굳건히 수행하라. 완벽할 필요는 없지만 매일 그렇게 한다는 것은 중요하다. 그렇게 한다면, 나는 당신의 삶이 변화되고 치유와 변형을 경험하리라는 것을 보장한다.

걷기 명상

앉아서 하는 명상은 걷기 명상에 포함될 수 있다. 걷기 명상은 걸음과 호흡을 같이한다는 점만 다를 뿐 앉아서 하는 명상과 유사하다. 걷기 명상에선 걸음과 호흡이 결합한다. 숨을 들이쉴 때마다 한 걸음 걷고, 내쉴 때마다 또 한 걸음 걷는다. 천천히 신중하게 걸으면 발걸음과 호흡의 관계를 강요하지 말고 저절로 조화로운 관계가 생기도록 유도하라.

무리를 지어 걷는다면 한 줄로 서서 걷는 것도 좋다. 손은 양편에 늘어뜨려도 좋고, 다음에 설명하는 전통적인 자세를 취해도 좋다. 먼저 엄지는 안으로 넣고 왼손으로 주먹을 쥐라. 주먹을 쥔 채 손바닥은 태양신경총을 향하고 엄지 관절은 위로 향하게 하라. 그다음 오른쪽 손바닥으로 왼 주먹 손가락 마디를 감싸라. 이 자세를 유지하고 걸을 때 팔뚝이 지면과 평행이 되게 하라. 또는 합장 자세를 취할 수도 있다. 즉 두 손바닥을 붙여서 얼굴 바로 앞에 두고, 중지 끝은 코끝의 높이와 일직선이 되게 하라. 시선은 몇 피트 앞에 두라.

단지 걷기 위해서 걸어라. 도달해야 할 곳은 없다. 당신은 항상 지금 여기 있다. 발이 지면에 어떻게 닿는지 알아차려라. 우리는 발을 통해서 땅과 전 우주와 의사소통한다. 특히 마음이 혼란스럽고 근심스러울 때 걷기 명상은 생각과 감정과 지각에

조금 더 일찍 당신을 만났더라면 •

휩쓸리지 않고 우리가 중심을 잡고 집중할 수 있게 해 주는 멋진 방법이다. 걷기 명상은 오랜 시간 동안 명상할 수 있고, 몸도 이완시키고 풀어주는 멋진 방법이다. 천천히 걸으며 호흡과 발걸음에 주의를 기울이라.

삶 속에서 걷기 명상을 할 때도 동일한 지침을 따르되, 조금 더 빨리 걷고 일상적 삶에 맞추어 걷는 속도를 조절하라. 예를 들어 들숨에 세 걸음을 걷고 날숨에 세 걸음을 걸을 수 있다. 그리고 걷기 명상에선 호흡과 발걸음의 자연스러운 리듬이 저절로 자리 잡혀야 한다는 점을 유념하라. 내 경우에는 들숨에 네 걸음, 날숨에 네 걸음이 자연스러운 리듬이라는 사실을 발견했다. 걷는 동안 지나치는 주변 환경을 의식하라. 공기가 어떻게 당신을 애무하고 서늘해지는지 알아차리라. 눈에 띄는 색깔과 당신의 느낌을 알아차려라. 들리는 소리와 당신의 느낌을 알아차려라. 걷고, 호흡하고, 알아차려라.

일 명상

일은 우리 삶의 일부이다. 일은 우리의 창조성의 표현이고, 삶과의 유대감의 표현이다. 항상 해야 할 일이 있으므로 우리는 이 기회를 수행으로 삼을 수 있다. 일 명상의 핵심은 이렇다.

만약 호흡과 연결되지 않는다면 당신은 일 명상을 수행하고 있지 않다. 일할 때 우리는 단지 일하기 위해서 일한다. 그저 우리 앞에 놓인 해야 할 일을 할 뿐이다. 그리고 일할 시간이 끝나면 물러나서 이루어진 성취물을 본다.

일의 세부적인 모든 것을 알아차리라. 즐겁거나 즐겁지 않게 느껴지는 때를 알아차려라. 당신이 선호하는 경향을 알아차려라. 언제 어디에서 균형을 잃고 또는 균형이 유지되는지 인식하라. 예를 들어 항상 혼자 일한다면 다른 사람에게 도움을 요청하라. 방관적인 태도로 다른 사람이 일의 주도권을 잡는다면 좀 더 적극적으로 일하라. 너무 빨리 일하는 경향이 있다면 속도를 늦추어라.

중국의 한 선사는 말했다.

"하루 일하지 않으면 하루 먹지 않는다."*

일은 우리를 먹여 살리고 우리의 삶을 가능하게 한다는 사실을 기억하라. 우리가 일상적인 삶에 적극적으로 참여하지 않는데도 음식과 같은 필수품이 그저 요술처럼 생겨나는 것이 아니다.

우리는 자신의 일을 집과 음식과 빛과 온기와 물 등을 제공해 주는 세상에 대한 감사의 표시로 생각할 수도 있다. 불행히

---

* 백장 선사의 『청규』에서 일일부작 일일불식(一日不作 一日不食)을 뜻한다.

도 일은 우리 사회에서 엄청난 고통의 근원이 되어 있다. 우리의 가치, 사회적 인정, 소속감은 대부분 직업의 유무와 어떤 직업을 가지는가로 평가된다. 일 명상은 이 직업의 세계에 의식의 빛과 자비심을 가져올 수 있다.

식사 명상

우리는 모두 먹어야 산다. 하지만 우리는 언제, 무엇을, 누구와 함께 먹는지에 그다지 주의를 기울이지 않는다. 먹는 것은 우리의 감각을 마비시키고 깨어나는 것을 방해하는 마약이 될 수도 있다. 식사 명상을 위한 최선의 준비는 배고플 때 먹는 것이고, 적게 먹는 것이 더 나을 때가 많다는 것을 아는 것이다. 음식을 먹기 전에 음식 접시를 앞에 놓고 앉아 잠시 시간을 내어 의식적으로 세 번 숨을 들이쉬고 내쉬라. 그다음 아래의 기도문을 큰 소리로 낭송하거나 마음속으로 읊조리라.

이 음식은 전 우주, 즉 땅과 하늘과 많은 사람의 노동으로 이루어진 선물입니다. 저희가 이 음식을 먹기에 합당한 삶을 살 수 있게 해주십시오. 저희의 길들지 않은 마음 상태, 특히 저희의 탐욕을 변화시킬 수 있게 해주십시오. 저희의 몸과 마음을 살찌우고 병을 예방하는 약으로 이 음식을 먹게 하소서. 저희는 수행과 사랑과 자비심과 평화의 길을 깨닫기 위해 이 음식을 먹습니다.

이제 음식을 들라. 가능하면 조용히 먹어라. 한 입 먹을 때마다 최소한 50번씩은 씹어라. 또 그 정도는 아니더라도 식사 명상의 초기에는 씹는 데 최선을 다해야 한다. 그러면 그 한 입이 그다지 오래가지 않는다는 사실을 알게 될 것이다. 우리는 음식을 너무 빨리 꿀꺽 삼켜버리는 경향이 있다. 대부분의 사람들에게 이런 습관은 삶에도 똑같이 적용된다. 우리는 뭔가를 곱씹고 싶어 하지 않는다. 빨리 먹고 안으로 밀어 넣기를 좋아한다. 그러므로 이제 음식이라는 이 멋진 선물을 음미할 시간을 가져라. 그 냄새와 맛과 모양과 소리를 음미하라.

아이들과 함께 있을 때는 식탁 위의 음식에 이름을 붙이면서 식사를 시작해도 좋다. 하지만 흔히 성인들은 즉시 머리가 개입하기 때문에 그렇게 하지 않는 것이 더 좋을 때가 많다. 하여튼 당신이 음식을 충분히 경험할 수 있는 방법을 선택하라.

음식을 맛으로만 먹지 말고 몸과 마음의 건강을 고려하라. 음식은 균형 있게 섭취될 때에만 건강에 유익하다. 너무 많이 먹거나 적게 먹는 것은 좋지 않다. 끼니마다 15분간의 식사 명상을 해라. 그러면 당신의 몸은 (우리가 자주 놓치는) 충분하다고 느끼는 시점을 알려 줄 것이다. 몸은 너무 많거나 적지 않고, 적당히 씹은 음식을 줘서 고마워할 것이다. 식사 명상의 끝에는 세 번 숨을 들이쉬고 내쉰 뒤 큰 소리로 또는 마음속으로 "감사합니다" 하고 말하라.

주의 깊은 경청과 마음챙김을 가지고 말하기

우리가 지닌 고통의 대부분은 의사소통의 방식 때문에 생긴다. 주의 깊은 경청과 마음챙김을 가지고 말하는 수행은 우리가 더 깨어 있고, 우리 자신의 이야기와 다른 사람의 이야기를 받아들이고, 우리 삶에 평화를 가져올 수 있게 한다. 고통의 악순환을 멈추기 위해, 우리는 되풀이해서 자신의 이야기를 해야 하고 다른 사람의 이야기에 깊이 귀 기울여야 한다. 앞에서 나는 그룹으로 실천하는 〈말하고 듣기〉 마음챙김 수행을 설명했다. 이 수행은 항상 편안하고 쉬운 것은 아니지만, 우리 자신을 깨어나게 하는 데 필수적이다.

감사의 말

내 아들 제커리 앨런 토머스에게,
내가 변화하고 치유되는 데는 너의 사랑과 네가 옆에 있다
는 사실이 큰 힘이 되었단다.

그리고 수잔 바이스베르크에게,
이 책이 지금의 모습이 될 수 있도록 테이프와 녹취록과
많은 글에서 자료를 모아준 당신의 지칠 줄 모르는 노고
에 감사드립니다.

나는 비틀거리는 내 인생에 의미를 부여하기 위한 노력의 일환으로 여러 해 전부터 이 책을 쓰기 시작했다. 중독의 절망에서 회복되고 온갖 마취제에 빠져 있었던 내 인생의 힘든 시기를 어느 정도 정리하고 난 몇 년 뒤 내게는 베트남 참전용사라는 위협적인 유산만 덩그러니 남게 되었다.

내 속에 숨어 있었던 전쟁의 모습, 소리, 냄새, 기억, 감정을 더 이상 감당할 수 없었을 때, 제 정신을 유지하기 위해 난 뭔가가 필요했고 그래서 글을 쓰기 시작했다. 이 책이 나올 수 있고 또 내가 살아남을 수 있도록 해준 분들에게 깊은 감사의 마음을 전하고 싶다.

저작권 대리인 더그 에이브람스에게 가장 깊은 감사를 전하고 싶다. 이 책의 발상을 출판계에 알린 솜씨와 이 글을 가능한 최고의 텍스트로 만들어 출판할 수 있게 해준 그의 편집 능력과 불굴의 노력에 감사드린다.

샴발라 출판사의 편집자인 이든 슈타인베르크에게, 이 일을 이루기 위한 지원과 헌신적 노력, 그리고 내가 최고의 책을 쓸수 있도록 도와준 그녀의 능력과 자상함과 세밀한 배려에 감사드린다.

정신과 의사인 로버트 지글러에게, 말 그대로 내가 살아남아 전쟁의 차가운 지옥에서 빠져나갈 수 있게 해준 것에 감사드린다.

    사회사업가인 낸시 미리엄 하울리에게, 내가 사회와 유용한 관계를 맺으며 살 수 있도록 해준 지칠 줄 모르는 여러 해 동안의 지원에 감사드린다.

    틱낫한 스님에게, 내 목소리를 찾아 주고 삼보三寶의 기반을 주신 것에 감사드린다.

    버니 글래스먼 스님에게, 내 목소리가 세상에 들리고 실현될 수 있도록 하나의 발판을 제공해 주신 것에 감사드린다.

    비브케 켄신 안데르센에게, 지난 5년간 싫증내지 않고 조력자로서 나를 돕고 변치 않는 벗으로 지내 준 것에 감사드린다.

    이외에도 여기 언급되어야 할 수많은 사람이 있지만, 그 목록만으로도 책 한 권이 될 것이다. 그런 우정이 없었다면 나는 치유되지 못했을 것이다.

조금 더 일찍 당신을 만났더라면

1판 1쇄 인쇄 | 2021년 7월 12일
1판 1쇄 발행 | 2021년 7월 19일

지은이 | 클로드 안쉰 토머스
옮긴이 | 황선효

발행처 | 모네의정원
발행인 | 마애

진행 | 표경희
관리 | 하동규
편집 제작 | 선연

주소 | 서울특별시 종로구 율곡로6길 36, 606호
등록 | 2020년 4월 16일(제2020-000039호)
전화 | 02)732-1520 팩스 | 02)6442-1521
전자우편 | mone@hyunbul.com

ISBN 979-11-971815-2-8 00220

❋ 값 14,000원